1926年フィラデルフィア万博の台湾喫茶店絵葉書（個人蔵）

1915年パナマ・カリフォルニア博覧会（サンディエゴ万博）の日本喫茶店絵葉書（個人蔵）

1939・40年ニューヨーク万博で配布された小冊子『Japan Tea』より
（個人蔵，"1939 New York World's Fair" HP提供）

1893年シカゴ万博の日本館「鳳凰殿」（左）と工芸館（右）
『Picturesque world's fair』1984年刊より（スミソニアン学術協会図書館群蔵）

近代万博と茶

世界が驚いた日本の「喫茶外交」史

吉野亜湖／井戸幸一

共著

淡交社

目次

第5章 シカゴ万国博覧会 (1893) ／吉野亜湖 94

第6章 セントルイス万国博覧会 (1904) ／吉野亜湖 120

はじめに

吉野亜湖

井戸幸一

世界をめぐる茶の新たな扉を開ける

　「茶」が世界を動かす、というとおおげさに聞こえるかもしれませんが、世界史を見返してみると、茶は歴史に大きな影響を与えた存在でした。アメリカの独立の契機となったボストン茶会事件、中国の香港割譲のきっかけとなったアヘン戦争、大航海時代のオランダ東インド会社の活躍などに加え、イギリスの産業革命も茶がなければ労働力を確保できず、必要不可欠な存在だったといわれています。貿易品や嗜好品という枠組みを超えて、茶は人々の生活に大きく関わってきたのです。

　本書で取り上げたいのは、そうした歴史とあわせ、近代の日本と世界との接触において、「茶」が重要な役割を果たしていたという視点です。急激な西洋化の荒波を受けた幕末以降、万国博覧会（以下「万博」）を通じて、日本人は茶を武器に海外と渡り合ってきました。特に、アメリカで開催された多くの万博において、日本の茶はさまざまに活用されました。

　現代では日本茶イコール緑茶のイメージが強いですが、実は明治初期から既に日本国内において紅茶や烏龍茶の生産も開始され、1895（明治28）年以降の台湾統治時代からは台湾茶も日本の

製品として世界に紹介されていきます。私たちが考えるよりも多様な日本茶の世界が広がっていました。

万博は時代を映す鏡

ところで、なぜ近代の万博における茶について見ていく必要があるのでしょうか？　それは、万博が時代を映す鏡であると同時に、大規模に世界中の人々が集い、物と情報が行き交う一大イベントだからです。今日の情報化社会のように海外の情報が即時に入手できなかった当時の世界において、万博のインパクトや重要性、人々の思想や生活に与えた影響は、現在の私たちが想像する以上であったことでしょう。

もちろん、国策として輸出促進こそ第一の目的でありましたが、万博において日本茶が他にどのような複層的役割を担ったのか、そして、どのように世界に紹介されたのか、史料から明らかにしたいと思います。万博という国際的大舞台に込められた先人たちの創意工夫や努力の足跡は、近年、日本茶の輸出が再度伸びてきている時期にあることからも、改めて学ぶ意義があると考えます。

茶を通じ世界に日本を売り込む

日本人は、茶を飲むために「茶室」や「茶庭」という特別な空間を創り上げ、独特な「茶器」の文化を形成し、世界の人々が驚くような茶文化「茶道」を生み出しました。一方、景色を愛でながら茶を楽しむという江戸時代からの「茶屋（喫茶店）」の文化も身近にあ

りました。そうした文化的な背景を万博に持ち込むことで、海外の人々に新鮮な驚きや発見を与えました。

近代の万博では、日本茶と庭園をセットで楽しむというフォーマットをつくり提供していました。ここで茶を飲むことで、外国の人々は「まるで日本に居るように感じた」そうです。淡味ながらも奥行きや余韻を含んだ日本茶から「日本」のイメージを形成していたのです。

例えば茶室で抹茶を飲んだアメリカの新聞記者は、日本茶を飲む時間を持つことで、理性的な判断が可能となり、社会課題への解決策へと進むのではないか、という意見を書いています。現代と同じかそれ以上に、日本茶の文化が海外で評価され、その本質まで受け止められていたのです。

日本人と茶の関わりは長く、1200年以上にわたります。『The Book of Tea（茶の本）』を著した岡倉天心は、「くしくも日本文化を学ぼうとするものは、茶について学ばなければならない」という名言を残しています。

日本茶は万博において、日本の文化を紹介するという役割も果たしてきました。過去の万博で展開された日本茶の進出計画について知ることは、現代の私たちが日本文化について改めて知ることにもつながるでしょう。現代の日本人の知らない日本茶の世界がそこにはあるはずです。

本書を読むことで、人を癒し、人をつなげ、文化を伝え、日本という国のイメージも形成してきた、日本茶の新たな近代史を知っていただけたら幸いです。

* 本書では「日本茶」とは日本産の茶と定義します（管見の限り、「日本茶」という言葉は、幕末の貿易が始まる以前の江戸時代の書物では確認できていないため、幕末の貿易が始まり、世界を意識し始めた時から日本産の茶を「日本茶」と呼び始めたのだと考えています）。

* 「茶道」という言葉に関して、当時の報告書や新聞報道により、「茶道」または「茶の湯」「茶礼式」（英文では、Cha-no-yu, tea ceremony, tea cult）など、同じ意味でも異なる表記がされています。引用文献を明らかにして引用の際は鍵括弧を用いて記しますが、本書では上記は全て「茶道」の同義語として扱います。

* 「喫茶店」については、「茶店」「茶寮」「茶処」（英文は、café, teahouse, tea-room, tea garden）など文献により表記が異なります。意味が同じと判断できる場合は、引用箇所以外は「喫茶店」と記します。

* 文中の引用文については、適宜、現代表記に改めました。

* 各章ごとに文責者名を記しました。

第1章

第2回パリ万国博覧会

Exposition Universelle de Paris

吉野亜湖

図　パリ万博会場の鳥瞰図（米国議会図書館蔵）*1

会期	1867（慶応3）年4月1日〜11月3日
開催地	フランス・パリ

——◇◆ 博覧会概要 ◆◇——

　第2回パリ万博は、フランス皇帝ナポレオン3世が第2回ロンドン万博 (1862) に対抗する目的で、開催の勅令を下したことで知られています。会場はシャン・ド・マルスに設けられ、敷地面積は約14万6千㎡と非常に広大でした。中央には楕円形のメイン会場が建設され、訪問者は会場内を一周するだけで各国の展示品を巡り、まるで世界を旅しているかのような体験ができる趣向が凝らされていました。また、水圧式のエレベーターが導入され、会場全体を見渡すことができた点も大きな話題となりました。

　この万博からメイン会場の外周には各国のパビリオンのほか、売店、カフェ、レストラン、遊園地などの娯楽施設が併設されるようになり、来場者に多彩な楽しみが提供されました。総入場者数は1千万人に達し、ナポレオン3世の目論見は成功を収めたといえるでしょう。

——◇◆ 見どころ ◆◇——

　日本が初めて公式に参加した万博です。この万博がフランスでの「ジャポニスム」の契機となります。

　江戸幕府の呼びかけで、薩摩藩と佐賀藩も参加しました。幕府は15代将軍慶喜の弟、徳川昭武 (1853-1910) を将軍の名代として派遣し、使節団の中には渋沢栄一 (1840-1931) もいました。

　日本パビリオン内に「茶店」つまり喫茶店が出展され、パリで大きな話題となり、ナポレオン3世から銀メダルを授与されています。日本茶の出品もあり、万博と日本茶の関係が始まった記念すべき万博といえます。

❖「日本」が初めて展示された万博—ロンドン万国博覧会

　第2回パリ万博 (1867) を語る前に、1862 (文久2) 年に開催された第2回ロンドン万博について少し触れておきます。

　第2回ロンドン万博に、日本は正式参加していません。しかし、イギリスの初代日本公使オールコック (Rutherford Alcock, 1809-97) が、自ら収集した日本製品を展示していました。よってこの万博は、欧州の人たちが、初めて「日本」を見た場でもあるといえましょう。

　どのようなものが展示されていたのでしょうか。公式カタログ*2で確認していきましょう。

　日本製品は、「漆製品、陶磁器、金属製品、和紙、織物、美術品、教育用品、その他」に分類され、623点ほど展示されていたようです。個人のコレクションにしては数があったことと、分類して展示されていたのは意外です。

　「陶磁器」の中に「ティーポット」が2点 (No.367, 376) 出品されており、茶器があったということはわかりました。しかし、公式カタログは英文表記であるため「ティーカップ＆ソーサー」とか「ミニチュア・ティーポット」など「ティー」がつく器は確認できても、陶磁器の分類の中では茶道具と断定できるものは見当たりません。

　「その他」の中に、「非常に貴重な粉状の茶を入れる箱」(No.604. Box of very precious tea, in powder.) と解説がある出品物がありました。「粉状の茶」

図1-1　ウィーン万博に出品された木製の茶箱（ウィーン技術産業博物館蔵）

とは抹茶のことでしょうが、「箱 (box)」なので茶道の点前に用いる「茶入」とは違うものだと考えられます。そこで、同時代に出版された日本初の英和辞典とされる『英和対訳 袖珍辞書』(1862) を引いてみると、「茶ヲ入レル小箱」と訳された「tea-caddy」という言葉がありました*3。「caddy」は「容

器、茶缶」の意味を持つので、石臼で挽いた抹茶を入れておく「挽溜」の可能性もあります。また後のウィーン万博（1873）では木製の小さな茶箱（幅5.7cm、奥行き5.7cm、高さ10cm）が出品されているので、**図1-1**のようなものだったのかもしれません。

その他、陶器製の「ボウル」（碗）もリストにありますが、こちらも茶道具との解説はありません。重要なのは、これらが「茶道具である」とした解説が公式カタログにないことです。よって、本書では外国の人たちが茶道具と認識したかしないかに注目して見ていくこととします。

❖ 日本人が初めて見た万博

第2回ロンドン万博は、初めて日本人が見た万博でもあります。訪問したのは、幕府がヨーロッパに派遣した最初の使節団（文久遣欧使節）でした【**図1-2**】[*4]。

使節団の中には、慶應義塾大学の創始者である福沢諭吉（1835-1901）もいました。福沢諭吉は、万博で他国の展示から学ぶことは多いとし、日本製品の展示に対しては『西航記』に以下のような感想を述べています[*5]。

> 物の数甚だ少なし。ただ漆器、陶器、刀剣、紙類、其外小細工物のみ。その中に肥前通用の銀札数枚あり。日本品は外国に比すれば、その

図1-2　『The Illustrated London News』に掲載された日本使節団と日本展示

｜ 数甚だ少なしと雖も、総品物の価二十余万両なりと云う。

展示数は限られていても、価格は高いものという評価のようです。
　一方、同行していた幕府の勘定格外国奉行支配調役であった淵辺徳蔵（生没年不詳）は、『欧行日記』に展示品の古着や刀剣が「粗製」だったと記しています。そして陶器や傘や枕など「骨董店の如く雑具を集め」展示していたのは、本来の万博の目的に違うと眉をしかめていました。万博とは、輸出で利を得るために、自国の誇るべき精選の品を外国に示すべき場だと提言しています。彼は、万博によって自国製品を外国へ売っていく、という今後の日本の参加目的を看取したのでしょう[*6]。

✤ イギリス側の評価

　しかしながら、前述のイギリス側の公式カタログでは、日本製品に対しての評価は高く、「イギリス随一というほど高い技術を持つ職人が、日本にはいくらでもいるようだ」と称賛しています。幕府の要人には粗製品に見える日常品にも、職人の技が行き届いているとみていたようです。イギリス人の日本製品についての評価を、公式カタログから引用します（以下筆者要訳）[*7]。

> 初めて見た日本のコレクションは、特に興味深い。日本の工芸品や芸術作品は多種多様で、ヨーロッパの最高水準以上のものも見られる。絹織物、陶磁器、漆器など、繊細な技量と素材の完璧さを備えているにも関わらず、非常に手頃な価格で調達できる。一方、由緒があるものや名工の手によるものは、考えられないほど高い値がつくものもある。

　それだけでなく、工芸品解説書『万博の工芸品の傑作』（1862）でも、日本の漆塗りの木工品は「内側も外側も全体が完璧に完成し、完全な芸術作品だ」と称賛されています。陶磁器については、「中国の展示品は特筆

するものが無いが、日本のものは非常に多様で、デザイン、色、仕上げ、創意工夫の両面で非常に優れている」と評価され、中国の陶磁器と並べてイラスト入りで紹介されています【図1-3】*8。

図1-3　中国と日本の陶磁器（『万博の工芸品の傑作』）

オールコックの評価についても確認してみましょう。オールコックは、3年にわたる日本滞在時の記録を『大君の都』(1863)に著しています。彼は、日本人が当たり前に使っている桶や籠など、どこにでもある日常品にも目を向け、「すべての職人的技術において、日本人は非常な優秀さに達している」と以下のように評価しています*9。

> 磁器、青銅製品、絹織り物、漆器、冶金一般や意匠と仕上げの点で精巧な技術をみせている製品にかけては、ヨーロッパの最高の製品に匹敵するのみならず、それぞれの分野においてわれわれが模倣したり、肩を並べることができないような品物を製造することができる、となんのためらいもなしにいえる。

そして、職人たちの使う道具も極めてシンプルで、できるだけ無駄のない手法で最大の結果を得る天才であるとし、「自然を生かす」知恵を持っているので、作品を見れば日本人の並々ならぬ知的能力と教養に気がつくはずだと、独自の目線で分析しています。

また、オールコックは絵画の鑑識眼も鋭いように感じます。「日本人は油絵の技術は知らないし、遠近法も限られた知識しかないが、人物や動物を非常に生き生きとした筆運びで描ける」と感嘆しているのです。そして、日本の画家は対象の表面的な形だけでなく、その性格や習性まで探求しながら詳細を観察しているので、主題を自分のものとして完全に消化し、数本の線と筆一刷で見事に描き出してしまう、と評しています。

このオールコックが選んだ品々は日本人の眼には雑多に見えても、イギリスの人々にとって日本という国を知る一歩となる重要な展示だったのだろうと思われます*10。そして、いよいよ次の第2回パリ万博では、幕府も正式に参加に乗り出します。

❖ 日本の万博デビューと日本茶

　1867（慶応3）年のパリ万博は、日本が正式に参加した初の万博です。翌年に明治維新となる幕末の混乱の中、幕府の呼びかけにより薩摩藩と佐賀藩が参加し、民間から商人の卯三郎（清水卯三郎、1829-1910）が「茶店」を出展しています。

　すでにこの時は横浜開港から8年を経て、日本茶が輸出品としての可能性を期待されていた時期です。特に日本茶ブランドはアメリカで一定の地位を獲得しはじめ、オーストラリアの新聞『シドニー・モーニング・ヘラルド』（1867年6月24日）の記事に、アメリカ人が日本茶を「偏愛」していると掲載されるほどでした*11。しかし、まだ先行して世界市場を占めていた中国茶が圧倒的な人気を得ていた中、日本茶はこの万博でどのように展開されたのでしょうか。

　茶葉の出品について、幕府の「博覧会出品目録」から、商人から5種の

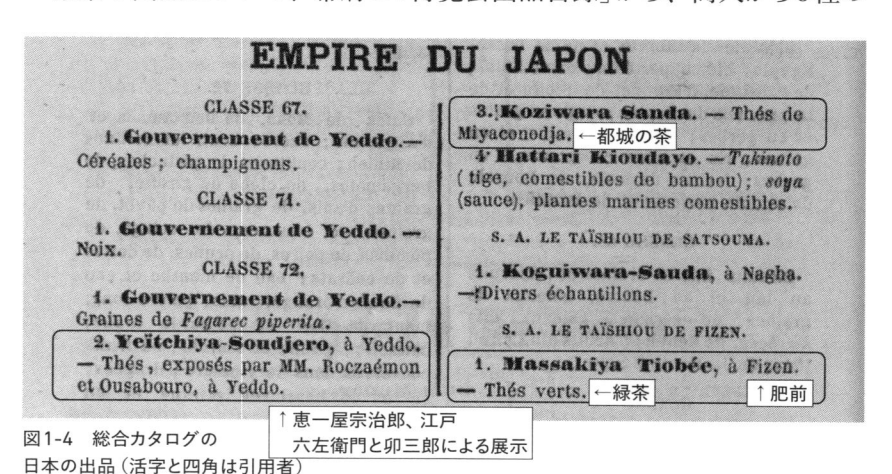

図1-4　総合カタログの
日本の出品（活字と四角は引用者）

「茶」が100斤（60kg）ずつ出品されていたことがわかりました*12。

　そしてフランス側の総合カタログ【図1-4】*13では、クラス72-2に茶問屋の「恵一屋宗治郎」の茶が「六左衛門と卯三郎」により展示されていたことが確認できます。

　右段の3にある「都城」の茶は、薩摩藩からの出品で、宮崎県の都城市は現在でも茶の産地として知られています。

　目を引くのは、幕府も薩摩藩も「茶」とあるのに、右段一番下の佐賀藩（Fizen）が「緑茶（Thés verts）」と表記していることです。幕末の世界市場では、「グリーンティー」は中国の緑茶（釜炒り製）であり、「ブラックティー」は中国の紅茶のことを示すのが一般的でしたから*14、釜炒り製の茶を出していたのではないかと推測されます。

　さらに佐賀藩に関しては、佐賀藩10代藩主鍋島直正（1815-1871）の側近であった千住大之助の書簡類を含む「千住家文書」（千住氏蔵）からも、茶が出品されていたことが確認できました*15。この千住家文書はパリ万博の使節団から千住大之助に宛てられた書状類が含まれ、万博における佐賀藩の動向や出品物から現地での情報収集の様子をまとめて読める一級史料です。

　使節団メンバーである佐賀藩士の小出千之助（1832-68）と佐野常民（1823-1902）から千住大之助と横尾文吾（藩士）に宛てた書簡（1867年11月29日付）には、万博で売れ残った品の処理のため、オランダに佐野常民、ロンドンに貿易商人の深川長右衛門を遣わし、陶器類は全てフランスの「ヂシマン商会」に残品処理を依頼したとあります。そして、同商会とは今後も「肥前様の御用達」として長崎を拠点に取引を続ける契約を取り付け、「定約草稿」の写しを同封していました*16。

　小出千之助からの他の書簡（同年12月23日付）には、ウィーン万博の会期を終え、茶は陶器や白蠟と並んで高値で、今後、利益が出そうだと報告されています。帰りの荷として「鉄砲」などを積む、ということも書いてありました。そして、以下のように「紅茶」という言葉が記載されていたことに驚きました（以下筆者現代語訳と翻刻文）*17。

英仏には緑茶は不向きで、アメリカに多く向き、ヨーロッパは紅茶の値段が余程よいようです、紅茶と緑茶共に製造を企て下さい。（英仏ニ而ハ緑茶ハ向不申、尤アメリカニ沢山向申候、当地ニ而ハ紅茶直段余程宜御坐候、紅茶・緑茶両方共御仕組被下度候）

さらに重ねて「紅茶も緑茶も早く製造できる体制が整えばと願います、緑茶はアメリカ行き、ヨーロッパは中国からの紅茶ばかり用いています(願者紅茶・緑茶モ早ク製シ方相成置奉存候、緑茶者アメリカ行、欧羅巴ハ唐国之仕出し、紅茶計リ相用居申候)」と、紅茶がヨーロッパで好まれていること、そして「早く」準備して欲しいと、せかすような文言がありました。

そして、商人の深川長右衛門から横尾文吾に宛てた書簡(同年12月23日付)には、「一両日中にヨーロッパに向く紅茶と緑茶の見本、かつ相場書を委しく調べて送るつもりです(一両日内欧羅巴向之紅茶・緑茶手本、且相場書委敷相調差送可申候)」とあります[18]。佐賀藩では、パリ万博直後に緑茶だけでなく紅茶の製造と輸出を視野に入れはじめていたようです。

これを受け、佐賀ではいち早く紅茶を製造し輸出していたのでしょうか。その答えは、次のウィーン万博(1873)の章で考察します。

❖ 茶器の出品

次に気になるのは、茶器や茶道具の展示です。幕府側の「博覧会出品目録」では、出品物は、「官服、武器、書籍、図画、音楽器、漆器、陶器、金銅器、紙類、雑品」の部に分類されています[19]。

陶器の部125点の出品中、「茶碗」は5点ほどで、仁阿弥道八(1783-1855)や尾形周平(生没年不詳)の名が見られます。「茶入」は、尾形周平の作によるもの一つだけでした。染付の絵付けが入ったものなど「水指」も数点出ています。あとは、菓子皿や花活(花瓶)もいくつか出品されています。「水屋甕」「手水鉢」もありました。これも茶室の道具といえるでしょう。

その他は「漆器」の中に「象牙蓋形　茶壺」が見られる程度で、全体を

見ても抹茶の茶道具一式と思われるものはありませんので、幕府側に茶道の文化を紹介する意図はなかったと考えられます。

　また、「煎茶道具」、九谷焼や金襴手の「急須」や「急須台」も出品の中にありました【図1-5】*20。何気なく「急須」と書きましたが、実は日本茶の文化史として画期的な出来事です。江戸時代は、茶書や辞書類などを含め「キビショ・キビショウ（急尾焼、急焼、急備焼）、茶瓶、茶注、茶銚、急子、砂耀、小土瓶」など様々な名称で記されており、「急須」という名称はあまり一般的ではなかったのです。

　もともと急須自体が一般家庭に普及するのは高度成長期と呼ばれる昭和30年代以降ですので、この万博で海外に向けた出品物に対し、幕府が「急須」と呼称したということは特筆すべきことです。第2章のウィーン万博（1873）でも述べますが、明治政府も「急須」という名称を使用していました。

　余談になりますが、「雑品」の部に、この時すでに「コーヒー台」を出品しているのは興味深いことです。

図1-5　「博覧会出品目録書」より（「使節／徳川民部大輔欧行一件付録」外務省外交史料館蔵）

❖ 佐賀藩と薩摩藩の茶器

　図1-6は、1867年10月12日付『ル・モンド・イリュストレ』に掲載された日本の展示場です。平面図だけではわかりませんが、華やかな場に茶器を含めた展示品が並べられていたようです。

図1-6　第2回パリ万博日本の展示場（1867年10月12日付『ル・モンド・イリュストレ』No.548）

佐賀藩からは、前述の佐野常民、小出千之助や深川長右衛門を含む5名が派遣【図1-7】[21]され、「煎茶碗取合」が7千5百、「奈良茶碗類」が1万1千個など陶磁器は520箱（14箱は破損で積載せず）出品されました[22]。

図1-7 佐賀藩からパリ万博に派遣された一団（『仏国行路記』所収）
前列左より小出千之助、佐野常民、野中元右衛門。後列右が深川長右衛門

佐賀藩は長崎警備の任についていたので、外国との交流もあり海外向けの製品のセレクトに長けていたと考えられます。ただし、皿、茶碗、丼、蓋物などは人気がなく安値で売りさばいたと小出千之助が書簡で報告しています[23]。売れなかった茶碗とは、どのようなものだったのか気になりますが、残念ながら詳細は記載されていません。

注目すべきは薩摩藩の出品の仕方で、「茶器」としてまとめて茶道具一式がリストに挙げられています。外務省外交史料館に保存されている「使節／徳川民部大輔欧行一件付録」によると、薩摩藩の「茶器」の出品には、「茶筅、茶碗、棗、茶入、水指、水次、建水、蓋置、柄杓、釜、天目台、五徳、羽箒、火箸、茶杓、茶巾、服紗、炉縁、炭斗、灰器、香箱、鐶、

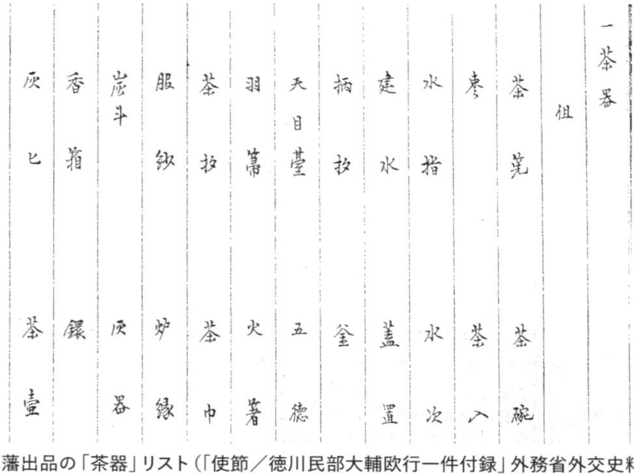

一 茶器
但

茶筅　　茶碗
棗　　　茶入
水指　　水次
建水　　蓋置
柄杓　　釜
天目臺　五徳
羽箒　　火箸
茶杓　　茶巾
服紗　　炉縁
炭斗　　灰器
香箱　　鐶
灰匕　　茶壺

図1-8 薩摩藩出品の「茶器」リスト（「使節／徳川民部大輔欧行一件付録」外務省外交史料館蔵）

灰匙、茶壺」と、今にも点前ができそうなくらい並んでいます【図1-8】[24]。しかしながら、前述のフランス側の総合カタログでは、「茶の湯」もしくは茶道を説明する言葉は探せませんでした。まとめて展示された可能性は高いですが、フランスの人々が茶道具という認識を持つほどの伝え方はされていなかったと考えられます。

　一方、この総合カタログのクラス17「陶器、磁器及びその他高級焼物」の中に、「サツマ（SATSUMA）」の名があることから、薩摩焼というブランドはフランスで知られていたとする見方もあります[25]。

　当時、写真はまだ大変貴重だったと思われますが、薩摩藩の展示館の写真が残されています【図1-9】。茶道具らしきものが写っていないのは残念ですが、等身大の人形が飾られ、飾り棚の上に出品物が並べられています。

　幕府の報告書には、メイン展示場の日本のスペースにはガラス張りの展示ケースがあったことや、「土間に机のようなものを置いて並べて展示する」と平面図に記されていますので、このような展示室に茶道具一式が並べられた可能性もあります【図1-10】[26]。

図1-9　薩摩藩の展示館（フランス国立文書館蔵）

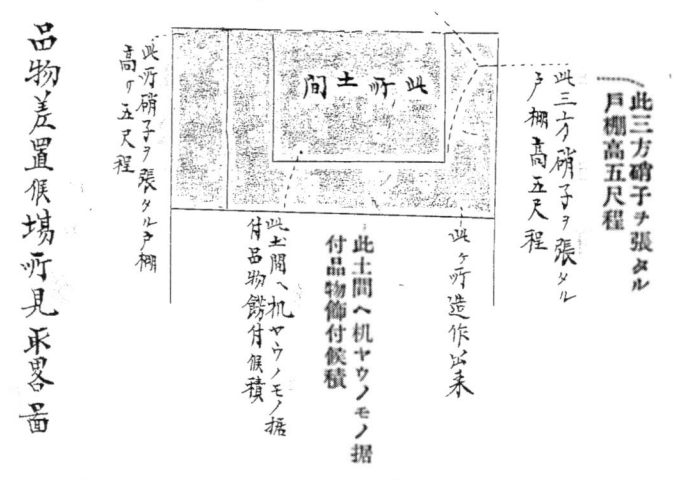

図1-10　展示スペース平面図の一部（活字は引用者）

❖ パリに出現した江戸の茶店

　さて、いよいよこの万博で世界デビューを果たした江戸の「茶店」について紹介します。この茶店は評判となり、フランス皇帝ナポレオン3世から銀メダルを受賞しました。茶店を出展したのは、江戸商人の卯三郎（清水卯三郎）です【図1-11】。

図1-11　卯三郎（個人蔵　羽生市立郷土資料館提供）

　卯三郎は、武蔵国埼玉郡（現在の埼玉県）の酒造業を営む家の三男として生まれ、江戸に出てからオランダ語を学び、横浜開港後は外国商との取引に関わりながら英語を習得して英語辞典『ゑんぎりしことば』(1860) を刊行しています。1862年の生麦事件を端に起きた薩英戦争 (1863) の際には、英国側通訳として和平に尽力するほど、語学に長けていたようです*27。

　卯三郎は、幕府がパリ万博の参加者を募集していることを知ると、勘定奉行の小栗上野介（おぐりこうずけのすけ）(1827-68) に宛てて「博覧会出品蒐集掛け拝命の件　江戸

商人卯三郎より願書」（1866年2月付）を認め、参加を申請しました（以下筆者現代語訳）*28。

> 私どもは商人ながら、恐れ多くも御国の栄誉に叶うよう精々心を尽くし国産の良品を送り、外国の耳目を驚かせ、御国の恩に少しでも報いたく思います。なにとぞ出格のご慈悲を賜り、前述の御用を頂けますよう一重に願い上げ奉ります。

結果、幕府から許可と1万5千両の借金を得て、茶や煎茶道具等の商品を、協力者の六左衛門と共に買い集めましたが、商品を送る段で予算が尽き、旅費が工面できず渡仏をあきらめなくてはならないほどの窮地に直面してしまいます。藁をもつかむ思いで幕臣の田辺太一（1831-1915）に相談したところ、卯三郎の弟も助手として同行できるほどの額を快く貸してくれ「ぢごくにほとけ」のようだ、と自伝に書き残しています*29。

さて、卯三郎がパリに出展した「茶店」とは、どのようなものだったのでしょうか。卯三郎が幕府に提出した出品目録では、「水茶屋」と書かれています*30。水茶屋とは、江戸時代に流行した有料で茶や菓子などを出し、人々が休憩できる場所で、現代でいえば「喫茶店」といったところでしょう。つくりは簡易な屋根のある建物が多く、歌川広重（1797-1858）が描いた江戸の水茶屋【図1-12】*31のように壁はなく、外に床几台（腰掛）を置いて客が座れ

図1-12 歌川広重画「五十三次名所図会 四 神奈川 臺の茶屋海上見はらし」一部（大英博物館蔵）

るようにしているのが一般的でした。

　卯三郎は、芸妓3名を雇い、茶店に常駐させていました。日本人女性が煙草を喫したりと普段通りに振る舞う様子もフランス人には珍しく、見物客が絶えなかったそうです。彼女たちは、イギリスの『ザ・イラストレイテッド・ロンドン・ニュース』やフランスの『ル・モンド・イリュストレ』で紹介され、万博の評判となります【図1-13】*32。

図1-13　茶店の内観と外観（株式会社乃村工藝社蔵）

　茶店については、実際に目にしている渋沢栄一が記録した『航西日記』に詳しいので、以下に引用します（筆者現代語訳）*33。

　　この茶店は全体が檜造りで、六畳敷きに土間をそなえ、便所もあり、もっぱら清潔を旨としている。土間で茶を煎じ、味醂酒などを貯え、（客の）もとめに応じてこれを供している。庭の休憩所に床几を設け、かたわらに活人形（いきにんぎょう）を並べ置いて、観覧に備えている。座敷には、かね、すみ、さと、という名の3人の妙齢の女性が閑雅に座り、その容姿を見せている。衣服や髪飾りが異なるばかりか、東洋婦人が西洋に渡航するのは未曽有（みぞう）のことなので、西洋人はこれを子細に見ようと、縁先に立ちふさがり眼鏡をもって熟視している。この座敷は畳敷きで、客はこの上にあがれないので（彼女たちの）身体に近づくことはできない。蟻が群がるように絶え間なく観衆が集まり、後ろにいる者は容易に姿を見ることができない。

渋沢栄一は、徳川慶喜の名代（みょうだい）として渡仏した徳川昭武に随行した使節団の一員でした。『航西日記』には３名の女性の名前も記録され、彼女たちがフランス人の好奇の的だった様子が目の前に見えるような描写です。

茶に関しては、「土間で茶を煎じ」とあるので、素直に読めば茶葉を煮出す手法で出していたと思われます。そうなると、茶種は良質な煎茶ではなく、番茶の類と考えてよいでしょう。また、渋沢栄一のおかげで、江戸の茶屋と同様に庭に床几台（腰掛）が置かれていた様子もわかりました。

そして、庭には観賞用に「活人形」が展示されていたというのは、エンタテインメント性を感じます。「活人形」は「生人形」とも書きますが、幕末の見世物としてはやった等身大の生きているかのような人形のことです。フランスの公式報告書に描かれた日本の人形展示は、武者人形でした【図1-14】*34。

同報告書によると、茶店（キオスク）は「優雅な休憩用パビリオン」として、フランス人の好みに合ったようです。フランス人の感想として、「細部の独創性と、そのデザインを支配する優雅さと調和の感覚に満足した」と述べられています*35。

図1-14　日本の武者人形

❖ 地図から見る日本の茶屋

幕府の報告書には、日本の茶店（茶屋）と薩摩藩の展示館の位置関係がわかる平面図が描かれています。中央には円形の中国の茶店（「支那ニテ茶屋」）があり、それを挟むように左右に「商人ノ茶屋」（卯三郎の茶店）と「薩州ニテ茶屋」つまり薩摩藩の展示館があります【図1-15】*36。

また、図1-16は、フランスが作成した会場全体図【図1-17】*37の黒枠内をつけた日本の部分を切り取ったものです。日本（JAPON）のエリアが中国（CHINE）の左右に見えます。左側の「日本の家屋（Habitation Japonaise）」が卯三郎の茶店で、右側の日本エリアにある「パビリオン（Pavilion）」が薩摩藩の展示館でしょう。

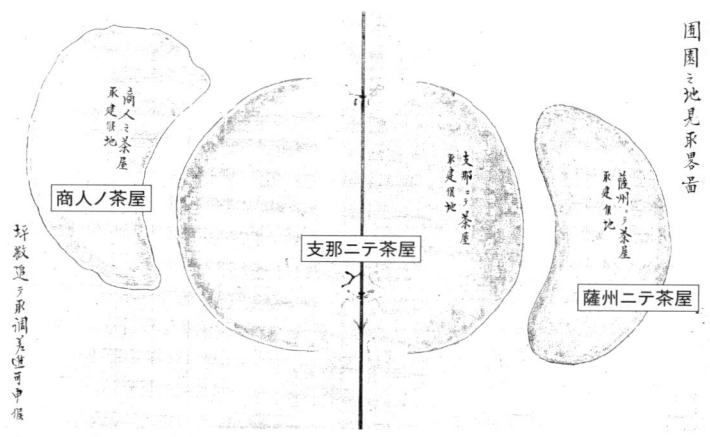

図1-15　幕府の報告書の平面図（活字は引用者）

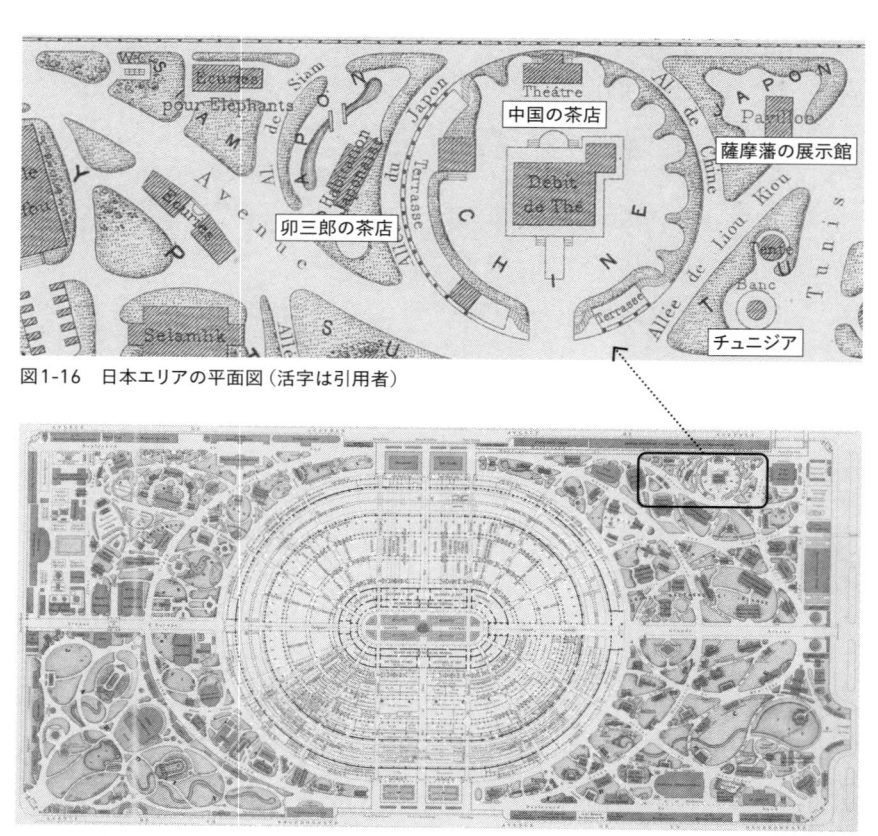

図1-16　日本エリアの平面図（活字は引用者）

図1-17　会場全体の平面図

そして、「日本の通路（Allée du Japon）」と卯三郎の茶店の脇に書かれているのに対し、中国の茶店右側に「琉球の通路（Allée de Liou Kiou）」とあるのは、薩摩藩は当初「琉球公国」の名で独立国という印象を与えながら出展申請をしていたことが影響しているようです。

位置関係がわかったので、パリ万博の鳥観図から日本の茶店の場所を見てみましょう。まだ写真機で博覧会会場全体を撮影することが難しかった時代ですので、鳥瞰図はイラストで丁寧に描かれています。中国とシャム（タイ）のパビリオン写真がパリ市歴史図書館に残っており、それらの写真と鳥瞰図の絵を比べると、ほぼ正確に外観が描かれていることがわかりました。つまり、卯三郎の茶店も鳥観図から当時の形を見ることができると考えてよいでしょう。**図1-18**[38] はフランスの公式報告書にある鳥瞰図から日本の部分を切り出したものです。矢印で卯三郎の茶店と薩摩藩の展示館を示しました。

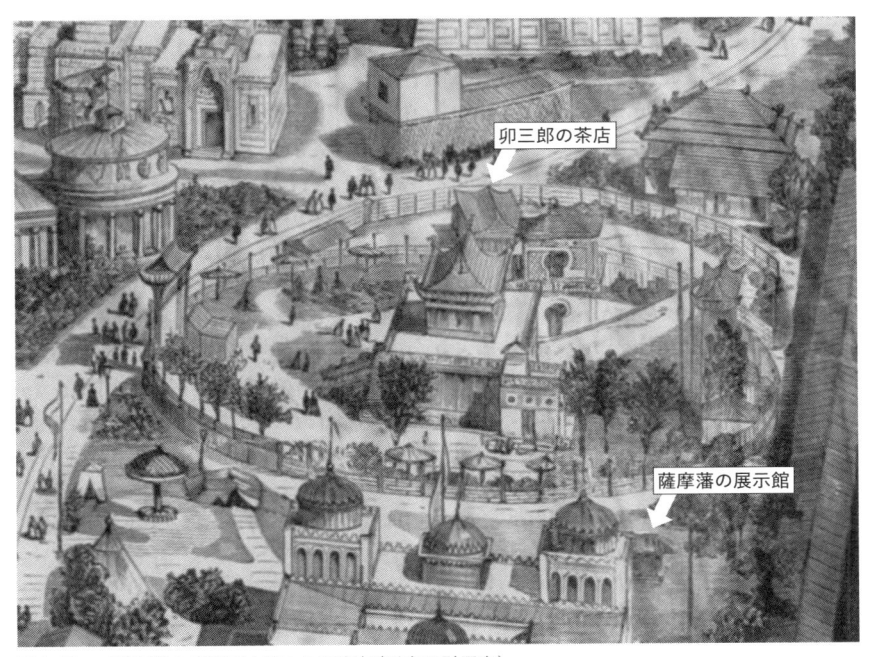

卯三郎の茶店

薩摩藩の展示館

図1-18　パリ万博の鳥瞰図より日本の茶店（活字は引用者）

❖ ナポレオン3世の茶室

　万博開催から約1か月を経た1867年4月28日、徳川昭武はフランス皇帝ナポレオン3世【図1-19】*39と謁見しました。『徳川昭武滞欧記録』に徳川昭武が持参した土産品の記録が残っています*40。

> 一、　水晶玉　　　　　　　　一
> 一、　組立茶室　　　　　　　一組
> 一、　源氏蒔絵手箱　　　　　一
> 一、　松竹鶴亀蒔絵文箱　　　一
> 一、　実測日本全図　　　　　一部

　水晶玉の次にあるのは組立茶室です。ナポレオン3世に、組立茶室を贈呈したのです。フランスの宮殿に茶室が組み立てられたらと想像するだけでも楽しいことです。そして、皇帝の土産に選んだということは、茶が日本の中核を占める存在であったことを意味していると考えられます。

　日本の大君（将軍）の弟、徳川昭武は、当時まだ13歳で愛らしく、「プリンス・トクガワ」と『ザ・イラストレイテッド・ロンドン・ニュース』（1867年12月

図1-19　ナポレオン3世

図1-20　「プリンス・トクガワ」（1867年12月21日付
『ザ・イラストレイテッド・ロンドン・ニュース』）

21日付）などの新聞記事に紹介されました【図1-20】*41。

　このプリンス（徳川昭武）は、会期後もヨーロッパに数年間留学する予定でしたが、万博会期末（1867年10月14日）に大政奉還を迎えたことで、予定半ばで帰国となりました。翌年9月、元号が明治に改まり、次の万博は明治政府による参加となります。

ウィーン万国博覧会

Weltausstellung 1873 Wien

吉野亜湖

図　ウィーン万博会場の鳥瞰図（ウィーン世界博物館蔵）

会期	1873（明治6）年5月1日～11月2日
開催地	オーストリア・ウィーン

───❦　博覧会概要　❦───

　皇帝フランツ・ヨゼフ1世の治世25年を記念し、「文化と教育」をテーマに開催されました。オーストリアの首都ウィーン中心部にあるプラーター公園を会場とし、すべての展示を見るには40日かかるといわれたほど大規模で、35か国が参加し、入場者数は約726万人に達しました。

───❦　見どころ　❦───

　明治政府が初めて日本館を建築し参加した万博です。ウィーン万博への参加準備として、前年の1872（明治5）年3月10日より20日間、湯島聖堂大成殿を会場に文部省博物局による国内で最初の博覧会が開催されました。そこで好評だった名古屋城の「金の鯱」もウィーンに渡りました。

　総裁は佐賀藩出身の大隈重信（1838-1922）、副総裁は第2回パリ万博（1867）で佐賀藩から派遣された佐野常民が担当していました。佐賀藩出身の製茶商の松尾儀助（1836-1902）と道具商の若井兼三郎（1834-1908）も渡航し、日本製品の販売にあたりました。前回の第2回パリ万博（1867）で佐賀藩はしきりに紅茶の輸出を勧めていましたが、はたして紅茶の出品はあったのでしょうか。

　そして、茶道具はどのようなものが出品されたのか気になるところです。

❖ 初めての日本館での茶道具展示

　1868（明治元）年の明治維新から5年、明治政府として初参加したのが、1873年にオーストリアで開催されたウィーン万博です。国内では、前年に廃藩置県が行われ、散髪脱刀令が出たばかりのころです。

　万博の公式報告書『澳国博覧会参同記要』*1によると、日本庭園の中に鳥居、神殿、神楽堂、売店が設置されました。同報告書の日本館平面図【図2-1】を見ても、茶室はつくられていないことがわかります。ただし「一室には台子を据え茶器を陳列し」と、台子（棚）に茶道具を飾っていたことは記録されていますので、茶道具の体系的な展示はあったようです。これにより、前回のパリ万博よりも、西洋が茶道具を認識したといえるのではないでしょうか。

　ただし、日本の万博事務局が外国人向けに作成したフランス語の案内書『大日本帝国と万博参加の経緯』*2は、万博参加の経緯と日本の政府、歴史、地理、産業についての知識を伝える内容で、茶道の紹介はされて

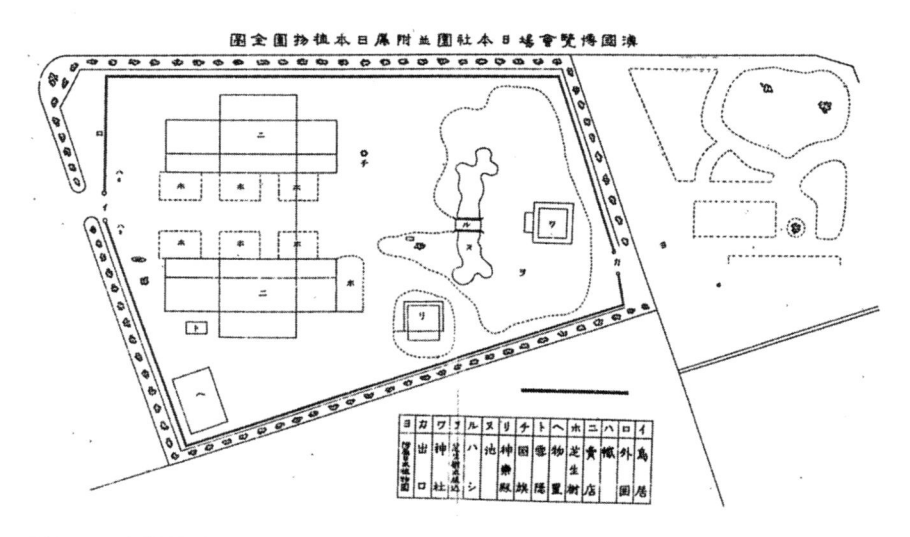

図2-1　日本館平面図

いません。

❖ 販売も展示も大盛況

　日本館内の売店では漆器、陶磁器などと共に茶も販売されており[3]、来訪者に茶と煙草の配布が始まると「貴賤争って之を受け」と記されるほどの人気ぶりでした[4]。

　売店は大繁盛だったようで、ウィーン万博を視察した岩倉具視率いる「岩倉使節団」（木戸孝允、大久保利通、伊藤博文、津田梅子ら総勢約100名）の記録『特命全権大使米欧回覧実記』には、人々が日本の製品を買わなければならないと取りつかれたような様子で「争うように群がって来る」と書かれています。そして、「この賑わいは、なみなみでない」と、熱狂ぶりに驚いていました[5]。

　売店では扇や絹の小切れなど買いやすいものが人気だったようですが、出品した美術・工芸品の評判も高く、「各国の博物館も種々日本品を買い入れ」たと、公式報告書を担当した平山成信が『昨夢録』（1925）に記しています[6]。

　ウィーン世界博物館に所蔵されている日本館の写真も見ていきましょう【図2-2】。

　日本館のオープニングには、オーストリア皇帝と皇后が臨席し、皇后が庭園の池に掛けられた橋を渡りました【図2-3】[7]。エリーザベト皇后（Elisabeth

図2-2　日本館（ウィーン世界博物館蔵）

図2-3　日本庭園の開園にオーストリア皇帝と皇后が臨席

von Österreich, 1837-1898) は、開館前にも日本館の工事を視察し、日本の大工が巧みに木を削ることに驚き、カンナ屑を所望し持ち帰ったというエピソードも、前述の『昨夢録』に誇らしげに記録されています*8。

　庭園を含む日本館は会期後に、イギリスのアレクサンドラ・パーク社 (Alexandra Park & Co.) が600ポンドで買い上げアレクサンドラ・パーク（公園）に移されました*9。イギリスの国立公文書館の計算によると、現在の約3万8千ポンド（約720万円）に相当するそうです*10。イラスト入り新聞『ザ・グラフィック』（1875年6月12日付）の記事に、多くの人で賑わっているアレクサンドラ・パークの日本庭園の様子を見ることができます【図2-4】*11。

　日本館の移築は、イギリスのサウス・ケンジントン博物館（現・ビクトリア＆アルバート博物館）の館長オーウェン (Francis Philip Cunliffe Owen, 1828-1894) の仲介によるものでした。オーウェンはロンドン万博 (1862) 以降、各万博に関わっており、イギリスの美術界に非常に影響力のあった人物です。

　また、アレクサンドラ・パーク社と「カルル・タラオ」という現地の茶商も日本製品を販売したいと日本の万博事務局に申し出てきたため、事務局は万博で売店の担当をしていた製茶商の松尾儀助を社長に据えた輸出代行業「起立工商会社」(1874-91) を急遽、結社させて任に当たらせます*12。

　ウィーン万博を縁に設立された起立工商会社は、このあとの万博の出品や日本製品の輸出に大きく関わっていくことになります。

図2-4　アレクサンドラ・パークの日本村（『ザ・グラフィック』）

　オーウェンは日本の展示物を高く評価し、次のフィラデルフィア万博での日本の出品物をサウス・ケンジントン博物館（現　ヴィクトリア＆アルバート博物館）で買い取る約束も、起立工商会社と取り付けています。

❖ 写真帖が伝える茶器

　出品物を撮影した写真帖*13に、「茶器」の写真が一枚ありました【図2-5】。茶筅、茶碗などが飾り棚に置かれ、右上は銀瓶と茶托に見えます。しかし、この棚は「台子」ではありません。よって、ここに全ての茶道具が写っているわけではないのですが、出品物の写真が残されていない先のパリ万博（1867）ではまったく探れな

図2-5　茶器（『澳国維府博覧会出品撮影写真帖』）

図2-6　陶磁器（『澳国維府博覧会出品撮影写真帖』）

かった部分なので、大変ありがたい資料です。

　陶磁器が写っている写真【図2-6】では、カップ＆ソーサーやティーポットも

確認できますが、コーヒー用とも考えられます。この写真では、欧米の人が実用品としても活用できる器の類を見ることができます。また、この中には写っていませんが、「萬古の土瓶」は重要な出品物として扱われていました*14。萬古焼(三重県)は現在も急須の産地ですが、当時は外国向けの装飾が施されたデザインが主体だったようです。

それでは、出品目録から茶道具とその他の茶器について確認していきましょう。

ウィーン万博の出品目録について、横溝廣子氏が調査したデータベースが公開されています*15。これは出品目録から美術工芸品を抜き出したデータですので、その中から茶道具や茶器について注目すべきものを取り上げてみます。

「茶壺」は無地のものもありますが、花鳥画や山水画などが描かれているものが目立ちます。万博事務局が外国向けの陶磁器の絵付けに関し、「東京府下の本業者十有余名に命じ花瓶に新規の画を描かしめたる」と力を入れていたことが影響していると思われます*16。

「茶碗」は九谷焼、京焼が多く、また茶陶作家として名が通っている「永楽」や「蔵六」「道八」の作もあります。「水指」「茶入」も数点の出品があります。「茶筅」も工芸品として出品されていました。

煎茶道具に関しては、「葉茶入」「茶托」「茶配」「湯呑」などをリストに見ることができます。「急須」に関しては、萬古焼、岐阜県の多治見(「平急須」)、筑摩県(現 長野県と岐阜県の内)、京都府から出ています。そして、京焼(蔵六)と九谷焼は「茶次」、滋賀県からは「茶出シ」、若松県(現 福島県と新潟県の内)では「急火焼」という名称で出品が見られます(前章で述べた通り全て急須の別称)。これらは、筆者のように日本茶の文化史を研究する者にとっては、「急須」の名称が一般に広まった経緯を考える時の重要な資料にもなります。博覧会での名称が、やがて設立される国立博物館での展示名称にも影響すると考えられるからです。

その他、「茶箱」「茶盆」「茶漉」など「茶」という言葉が付く工芸品もあり、日本人の生活の中にいかに茶文化が根付いていたかということを示すリス

トにも見えてきます。

❖ 写真帖に見る茶

　「製茶」【**図2-7**】の写真では、「静岡・駿河」「宇治」など、産地の名が茶箱に書かれています。また、茶葉も茶箱や茶壺、錫の壺、ガラス瓶など様々な形で展示された様子も見て取れます。

　「宇治」とある2つの茶箱に関しては、アンペラと呼ばれる筵（むしろ）にくるまれ、その上にラベルが貼られ、十字に紐がかけられているのがわかります。これは輸出用の仕様で、国内流通用の茶箱とは異なります。当時は横浜や神戸などの外国人居留地の外国商を通して輸出していたので、輸出用の箱詰め作業は外国商が行うのが普通でした。外国商が日本製の茶葉を購入し、「再製」と呼ばれる選別と再乾燥など輸出用の加工を施してから箱詰めまで行います。よって、茶箱に貼られるラベルも通常は**図2-8**や**2-9**のように外国商の文字になるのですが、**図2-7**に写っているラベルには日本語で「京都物産会社」（物産引立会社、1870-）と書いてあります。京都には再製から箱詰めまで行える組織があったということでしょう*17。

　　　　　「宇治」「京都物産会社」とある箱　　　　　「宇治」「京都物産会社」とある箱

図2-7　「製茶」（『澳国維府博覧会出品撮影写真帖』）（活字は引用者）

❖ 出品茶の産地

公式報告書『澳国博覧会参同記要』からも、どのような茶が出品されたのか見ていきましょう。この報告書には、現地新聞に掲載するために日本製品の解説文を用意したことが記されています。その解説文では、日本産の主な輸

左・図2-8　初期の輸出茶用ラベル
（米国特許商標庁1872年5月14日登録、米議会図書館蔵）
右・図2-9　初期の輸出茶用ラベル
（米国特許商標庁1877年4月10日登録、米議会図書館蔵）

出品として「生糸、織物、茶、漆器、磁器」などをあげ、茶に関しては「宇治、駿河、土山、肥前等」が最上であると明言しています。宇治（京都）と駿河（静岡）は現在もよく知られている茶産地です。土山は滋賀県に古くからある茶産地で、肥前というと佐賀県の嬉野茶などが有名です。

　併せて公式出品目録『日本帝国出品目録』（ドイツ語）から出品茶リストだけ抜粋した表を見ていきましょう（**表〔出品茶リスト〕**）*18。「茶（Thee）」は、第4区「人作ニテ成リシ食物飲料ノ事」のNo.332〜413までで、総数で81点を数えます。産地は、当時の地名で「駿河、肥前、滋賀、岐阜、三重、印旛、木更津、茨城、度会、入間、足羽、都城、京都、宇治、鳥取、飛騨、和歌山、名東」とあり、最上と紹介された「宇治、駿河、滋賀、肥前」から「等級1等」の出品がみられます。

　茶種は表からはわかりませんが、前述の公式報告書『澳国博覧会参同記要』に、日本ではアメリカ向けの「青茶」（緑茶）にとどまり、ヨーロッパで好まれている「紅茶」を製造していないと述べられていることから、緑茶中心であったと思われます。では、紅茶の出品はなかったのか。この疑問については、東京国立博物館に所蔵されている出品目録から次段で解き

明かしていきます。

✜ 松尾儀助と紅茶

第2回パリ万博（1867）の時、佐賀藩の書簡でヨーロッパ向けは紅茶がよいという報告がされていたことは前章で述べました。ウィーン万博の事務局総裁は佐賀藩出身の大隈重信、副総裁も佐賀藩出身の佐野常民です。紅茶を出品した可能性は高いと考えられますが、どうだったのでしょうか。

表〔出品茶リスト〕で、佐賀県が含まれる「肥前（Hisen）」からの出品茶はNo.335と337が該当しますが、ドイツ語では「茶」としか書かれていませんので、茶種はわかりません。そこで、東京国立博物館に残された『澳国博覧会出品目録』を確認したところ、佐賀県の出品茶として、以下のように記載がありました。（カッコ内は引用者補足）

№	茶	Gegenstand 品目（等級）	生産者	Ort 産地
332	Thee, Qualität	1		Suruga
333	" "	2		"
334	" "	3		"
335	" "	1		Hisen
336	" "	1		Shiga
337	" "	1		Hisen
338—339	" "	1		Shiga
340	" "	2		"
341—343	" "	1		
344—345	" "	1		Gifu
346—347				
348	" "	1	Ito Fugita	Miyé
349—350	" "	1	Ito Nakayama	
351	" "	1		Inba
352—353	" "	1		Kusaradsu
354—355	" "	1		Ibaraki
356	" "	1		
357	" "	1	Kaminaga	
358	" "	1	Kimura	"
359—360	" "	1		
361—363	" "	1		Watarai
364—365	" "	3	Kimura	"
366	" "	2		
367	Thee, Qualität	1	Kimura	Tottori
368	" "	1	Kameya	
369—370	" "	1		Iruma
371	" "	3		"
372	" "	1		"
373	" "	3		"
374—376	" "	1		"
377—378	" "	1		Ashiha Todjo
379	" "	1	Mochinaga	"
380	" "	1	Ikéda	"
381	" "	1	Kodama	"
382	" "	1	Noguchi	"
383	" "	1	Mochinaga	"
384	" "	1	Kodama	"
385	" "	1	Ikéda	"
386—395	" "	1	Noguchi	"
396—400	" "	1	"	"
401—402	" "	1		Kioto Uji
403—404	" "	1		Tottori
405	" "	3		"
406—407	" "	1		Hida
408	" "	1		Wakayama
409—410	" "			
411—413	" "	1		Meyôtô

表〔出品茶リスト〕『日本帝国出品目録』より抜粋。活字と丸は引用者）

同（佐賀県）七月二日

一　紅茶　十二箱　一箱二十七斤入　都合三百二十四斤

　　　　　佐賀県・松尾儀助に注文品

　これを見て、「紅茶」が出品されていたのかと驚くとともに、「注文品」とあるので、博覧会事務局が「松尾儀助」に依頼したものとわかりました[19]。

　この時、総裁も副総裁も佐賀藩出身者であるということから、同郷の松尾儀助に依頼したということもあるでしょうが、紅茶を製造できる根拠が事前にあったのではないかと考えられます。なぜなら、「324斤」（約194kg）はかなりの量です。この出品目録から作成した章末の**表**〔**ウィーン万博出品リスト**〕（56頁）を見ると、他府県は一種につき1〜3斤ずつの出品が目立つので、ずば抜けて多い量といえます。試作を依頼して見本を出す程度の量ではありません。

　この出品目録には、各府県から出品物が博覧会事務局に到着した月日も記録されており、佐賀県の紅茶は「7月2日」着とあります。博覧会事務局は、1872(明治5)年2月付で出品を呼びかける告知を出し【**図2-10**】、出品物は同年6月晦日までに事務局に送るよう指示しています[20]。実際は遅

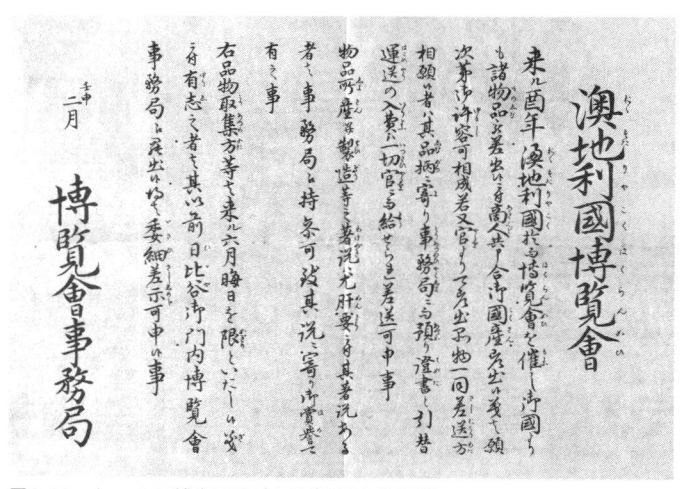

図2-10　ウィーン万博出品呼びかけ（渋沢史料館蔵）

れて届いたものもあり、同年末までには揃ったようです。そうなると、開催の前年1872年、またはそれ以前産の紅茶ということになります。

『紅茶百年史』(1977) では、明治政府により「わが国において紅茶が初めて試製された」のは1874(明治7)年と記されていますが*21、これに先立って紅茶製造が佐賀で行われていたことがわかりました。

❖ 抹茶も出品目録に

この府県別に記載された『澳国博覧会出品目録』は一から九巻まで9冊あり、緑茶に関してもある程度詳しい内容が記されています。例えば、「箱」入りか「壺」入りか、「袋」または「錫壺」「ブリキ」「ガラス瓶」に入れていたのか、それぞれの量も到着日ごとに記録されています。**図2-7**の写真に様々な茶の容器が写っていたのは、府県ごとに異なる仕様で送られてきたからだとわかりました。

また東京国立博物館には、この『澳国博覧会出品目録』(資料①とする)から鉱物と動植物だけを府県別にまとめたと考えられる『澳国博覧会諸府県出品鉱植動目録　全』(資料②) *22 があります。そして、ほぼ内容がドイツ語の公式出品目録と同じため下書きと思われる『目録草稿』(資料③) があります。つまり出品茶について調べることができる大変貴重な史料が3段階にわたって存在するということです。

最終の公式出品目録(ドイツ語)では18の産地名のみでしたが、資料②では37に及ぶ府県から茶の出品が確認できました。なお、この資料では、茶は「植物」の項目に分類されています。

また、茶種については、京都府からは煎茶だけでなく「濃茶、薄茶」と分類された抹茶もあり、輸出用の再製加工をした「釜焙煎茶」も含まれていました。写真【**図2-7**】に京都からの輸出用茶箱がありましたが、これで整合性がとれました。ただし、京都の出品茶中で難解なのは「黒茶」です。資料②の出品目録に以下のように記載がありました。

| 黒茶　支那製　八十四斤　二箱

「黒茶」が紅茶を示す英語「Black Tea」の直訳で、これが中国製法の紅茶にあたるのであれば、京都からも紅茶が出品されていたことになりますが、この黒茶に関しては、次のフィラデルフィア万博 (1876) の章で他の周辺資料と併せて検討します。

このころ、京都府はかなり輸出に力を入れていたようで、他府県よりも出品物が圧倒的に多く、「宇治茶図」や「茶花写生」「茶実写生」などの絵と共に、解説書「茶花茶実説」も付属させていたことがわかりました。また、茶の木の新芽や実を乾燥させた実物(「宇治茶腊」)もリストに含まれていたので、茶を重要輸出品のひとつと位置付けていたと思われます。また、目を引いたのは「茶臼」も含まれていたことです。

その他、珍しいところでは、滋賀県と足羽県 (現・福井県内) からは「玉露」、和歌山県と鳥取県からは「番茶」が出品されています。ただ、当時は茶種を分類する基準が現在のようには定まっておらず、「玉露」という銘の「煎茶」があったり、「荒茶」や「一番茶」「二番茶」と書いてあるものがあったりなど、府県ごとにバラバラでした (56頁**表〔ウィーン万博出品リスト〕**参照)。

❖ 和紅茶のルーツは海外向け

公式報告書『澳国博覧会参同記要』に掲げられた「農業振起の条件報告書」に、欧州で人気が高い中国紅茶の製法を学ぶべきであり、インド製の紅茶も好まれているため、インド種の茶樹を移植していくことが喫緊の課題だと述べられています[23]。

翌年の1874 (明治7) 年に勧業寮は「紅茶製法書」をまとめ全国の産地に配布し、新聞でも公開して紅茶の栽培と製造を促しました[24]。

紅茶製造は、第2回パリ万博で得た情報で佐賀藩、そしてウィーン万博の報告から全国規模へと広がったことを考えると、万博をきっかけに和紅茶の歴史が動いたといってもよいかもしれません。

そして、次のフィラデルフィア万博 (1876) の茶業取り扱い事務官に任命されていた元幕臣で茶の栽培家の多田元吉 (1829-96) の任を急遽解き、インド紅茶の視察に赴かせます。このような動きの中で、次のフィラデルフィア万博に参加することになるわけです。

❖ 番外編　日本茶推しのオーストリア人

ペーター・パンツァー氏らによる『1873年ウィーン万国博覧会—日墺からみた明治日本の姿』(2022) に、日本茶推しのオーストリア人がいたことが紹介されています*25 。1860年代より日本に10年以上在住し、多くの日本の写真を撮った写真家ライムント・フォン・シュティルフリート (Raimund Freiherr von Stillfried, 1839 -1911) のことです【図2-11】*26。

シュティルフリートはウィーン万博に自身の写真を出品していますが、それとは別に日本茶の文化をオーストリア人に紹介しようと万博会場内に日本の茶屋をつくる計画を立てていたそうです。

実際は、万博会場内に茶屋を設置する許可が下りず、会場外 (プラーター公園の隅) につくられました。パンツァーが同書で紹介している『博覧会総合新聞』(1873年6月12日付) に提灯を下げた茶屋のイラスト【図2-12】*27 があり、

図2-11　シュティルフリート (フランス国立図書館) とシュティルフリートの作品 (『Views and Costumes of Japan』)

図2-12　シュティルフリートの茶屋（1873年6月12日付『博覧会総合新聞』）

「つね、しま、ろく」という日本人女性3名が給仕していたことなど、第2回パリ万博の卯三郎の茶店と重なります。

─⟨◦⟩─ コラム ⟨◦⟩─

佐賀と紅茶

　起立工商会社の社員であった西尾卓郎(喜三郎)が、同社のことを他所で「誤って書いてある」のを見て、正しいことを話しておきたいと記録された「西尾卓郎翁の談話」があります。そこに気になることが書いてありました(太字強調は筆者)*28。

> 佐野副総裁のお声がかりで一緒に行っていた随行の松尾儀助といふ**紅茶を日本で最初に造り出した**肥前の茶商と、古道具屋の若井兼三郎の二人を結社せしめる事となり

　彼は、松尾儀助が日本で初めて紅茶を製造した人物として認識していたようです。確かに、ウィーン万博では儀助以外に紅茶の出品はありませんでした。

　儀助の曾孫の田川永吉氏が著した『政商　松尾儀助伝』(文芸社、2009)に、火災にあって資料が焼失したため写真一枚ない、と残念な気持ちが記されていました。そのこともあり、松尾儀介について書く際、1893(明治26)年に出版された『商海英傑伝』【図2-13】の中の「松尾儀助君伝」を参考にされる方が多いようです。田川永吉氏も著作に引用されていました。

　この書によると、佐賀藩主(10代鍋島直正)が、儀助の「恩人」である野中元

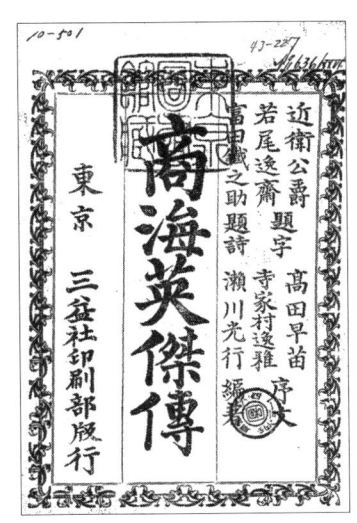

図2-13　『商海英傑伝』の表紙(国立国会図書館蔵)

右衛門（1812-67）に長崎での貿易を任せ、長崎に紅茶製造所を設けて中国人から製造法を伝授させたということです*29。以下に該当部分を引用します（太字強調は引用者）。

> 安政六年各外国との条約成しを以て佐賀藩の戎兵を徹し、而して藩主は大に彼の長を取り我の短を補はんと欲して、理化学の精錬所を設け、又貿易業を発達せしめんと頻に内地物産改良を奨励し、貿易事務所を設立して専ら海外貿易に従事せしむ。而して君の恩人なる野中氏に命じて、長崎の貿易事務に当らしめ、**又長崎に紅茶製造所を設置して其製法を支那人に伝習せしめ**、茲に貿易業の端緒を啓けり。慶応二年、仏国に博覧会あり。野中氏藩命を奉して其地の物産なる生蝋陶器及び茶葉等を携へて遠く仏国に赴けり。

　藩の御用商人で帯刀も許されていた野中は、第2回パリ万博（1867）に佐賀藩代表団の一人として参加しましたが、パリに到着してすぐに急死しています。「足軽」の家に生まれた松尾儀助は幼いころに父を亡くし、親戚にあたる野中に養われ、この時は番頭となっていました。野中亡きあとはその業務と遺志を継いで製茶業に従事したようです。

　この書は儀助が生きていた時代の文献ですが伝記であり、「一次史料」（同時期の日記、書翰、公文書などに代表される歴史研究において信憑性の高いもの）とはいえないでしょう。しかし、長崎の紅茶製造所がいつ、どこにできたのかなど興味を膨らませ、同時期の確実な史料を見つけたいと研究意欲を沸かせます。

　第2回パリ万博の時に紅茶がヨーロッパに向くという情報が伝わっていたということは「千住家文書」で判明したので、この時期から佐賀藩内で紅茶の製造を意識していた者がいたことは確かです。当時は紅茶と烏龍茶の明確な区別や理解があったかという検討は必要ですが*30、「紅茶」という言葉が明治以前に佐賀藩内で使用されていたことに注目したいと思います。

　一方、薩摩藩は、慶応年間にイギリスから船が到着すると外国の新聞を手に入れ、茶や生糸の相場情報を含む諸事情を入手していたようで、島津家から黎明館に寄託された文書『玉里島津家史料』の中に、その翻訳文が収録されていました。1865（慶応元）年5月1日に到着した船から得た新聞では、茶はイギリスで「支那の黒きもの値よろし、日本の茶は向き悪し」とあり、5月26日の船から得た新聞には「支那の黒茶少しく景気よろし」と訳出されていました*31。「黒茶」とは紅茶を表す英語「black tea」の直訳と考えられるので、この時代は「紅茶」という言葉が一般的でなかったことがわかります*32。

　また、1872（明治5）年4月に、京都府から大蔵省に中国から「赤茶」の樹の種を入手するための援助依頼があり、調査したところ赤茶と緑茶は同じ樹から製造されるものだと判明したということですから、京都では明治初頭に紅茶を「赤茶」と称していたこともあったようです*33。そのため、佐賀藩の例は、特記すべきことになります。

　そして、ウィーン万博の前年には佐賀県から紅茶が出品されていたことは、今回提示した史料『澳国博覧会出品目録』で確定できました。

　万博と日本茶の関係を調べるうちに、和紅茶の歴史について史料を確認することができたことは、日本茶業史研究にとっても、日本茶好きの一人としても、大変ありがたく思っています。

起立工商会社とゴッホ

　ゴッホ美術館には、「起立工商会社」と書かれた板に、ゴッホ（Vincent Willem van Gogh, 1853-1890）が絵を描いた作品が所蔵されています【図2-14】。

　ゴッホは、フランスのアントワープにアトリエを構えた1885年ころから日本の浮世絵に興味を持ち出したようです。弟で画商をしていたテオドルスに宛てた手紙に、「僕の仕事場はまあまあだ。特にとても楽しい日本の版画を壁に貼ったおかげだ。ほら、庭で憩う女性とか、海辺、馬に乗る人、花や、節くれだったとげのある枝とかのだよ」と近況を伝えています（1885年11月28日付）*34。

　1886年にゴッホは弟を頼ってパリに移り、パリ在住の2年間に日本の工

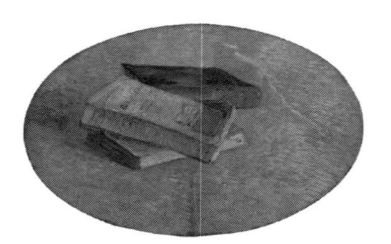
《3冊の小説》の表面

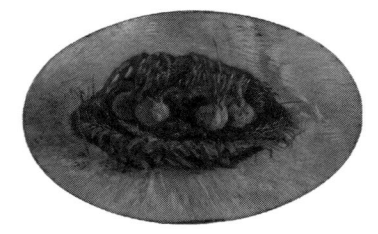
《ヒヤシンスの球根のバスケット》の表面

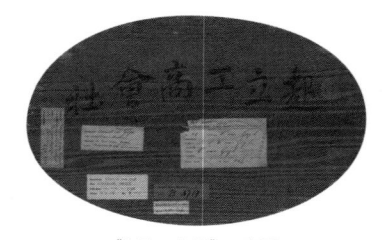
《3冊の小説》の裏面

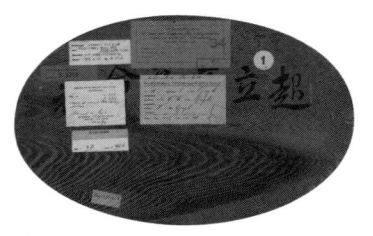
《ヒヤシンスの球根のバスケット》の裏面

図2-14　ビンセント・ゴッホ画《3冊の小説》（31.1×48.5 cm）と《ヒヤシンスの球根のバスケット》（31.2×48.3 cm）1887年（ゴッホ美術館蔵）

芸品を扱うサミュエル・ビング（Samuel Siegfried Bing, 1838-1905）の古美術店に足しげく通いました【図2-15】。この時期に、歌川広重や溪斎英泉の浮世絵を模写した作品なども描いています【図2-16】。

ゴッホが、ビングの店で起立工商会社の板を得たのか、パリに住んでいたテオ経由で譲り受けたのか、別の者が関与しているのかはわかりません。

起立工商会社は第3回パリ万博（1878）の際にパリ支店を開設し、工芸品や茶、紙などを主に扱ったようです。しかし経営がうまくいかず、1884（明治17）年の暮れに貿易商の円中孫平（1830-1910）へパリ支店を譲渡しています。円中は横浜と神戸を拠点に貿易業を営みながら、ウィーン万博より各万博に関わってきました*35。よって、ゴッホがパリに移住し始めた1886年には既に起立工商会社のパリ支店は存在していないのですが、円中の店が同社の在庫品も引き継いでいたならそこからか？という想像もしてしまいます。

図2-15　ビング（左端）

図2-16　ゴッホ《日本の花魁》溪斎英泉作品模写 1887年（ゴッホ美術館蔵）

　ゴッホが手に入れた経緯は謎のままですが、ゴッホの作品に起立工商会社の軌跡を見ることができるのは何ともいえないロマンを感じます。

なお、この板はゴッホ美術館によると「長年、茶箱の蓋と考えられていたが、おそらく桜の木で作られた箱の一部と特定されている」とのことです*36。

　そして、同じ様な丸い板が第3回パリ万博(1878)の起立工商会社の陳列場の看板として用いられていた写真があることから、看板として用いられていたものだろうとされています【図2-17】*37。

　また、裏面のシールの文字が万博に関する内容であるのか気になっていましたが、美術館が貼ったものということも判明しました。

　興味深いのは、ゴッホ美術館のコレクションカタログ*38に、「ゴッホは板を研磨せずに使用し、摩耗した表面と地板の色の濃淡も活かして描いた」と作品解説があったことです。この板だからこその味わいがあるようです。

図2-17　起立工商会社陳列場(『巴里府万国博覧会写真帖・日本部』宮内庁書陵部蔵)

図　ゴッホ《花咲く梅の木》広重作品写1887年（ゴッホ美術館蔵）

表〔ウィーン万博出品リスト〕

『澳国博覧会出品目録』（1〜8冊）より作成（9冊は個人持参品のため不記載）

冊	府県名	茶種等	銘	製造・産地	量・容器等
2	京都府	濃茶・薄茶		山城久世郡小倉村	各2斤
		煎茶	福寿海	京都美濃部忠兵衛	2斤ブリキ入
		煎茶		愛宕郡鷹ケ峯・綴喜郡湯屋谷村 宇治郡池ノ尾村・相楽郡湯舟村 乙訓郡樫原製・葛野郡安井村 紀伊郡向島村	各2斤ブリキ入
		煎茶			2斤ブリキ入
		釜焙煎茶	頗別品・別品・大極上	物産引立会社	各2斤ブリキ入
		煎茶		何鹿郡岡村・桑田郡島村 舩井郡知ノ部村	各2斤ブリキ入
		外詰釜製茶		物産引立会社	40斤
		黒茶支那製			84斤入2箱
		緑茶		祥印50斤入・慶印47斤入 嘉印45斤入各1箱	
3	神奈川県	茶　上・中・下		武蔵多摩郡三ツ木村	各3斤
	入間県	製茶　上・中		入間郡扇町屋村	各3斤
		製茶　下		入間郡小谷日村	3斤
		製茶　上・中・下		入間郡所沢村	各3斤
	木更津県	茶上・中・下			各3斤3箱
	印旛県	茶		猿島群辺田村産	錫壺3・硝子ビン3
	茨城県	茶		久慈郡初原村3斤・同郡中郷村2袋 同郡太子村1袋・那珂郡額田村製3斤 大宮村製3袋・貞壁郡吉間村1斤	
	新潟県	茶3種		新津町製	
	足柄県	茶	賀茂ノ誉	豆州郡原保村	100目入2箱
4	堺県	茶			3斤
		茶		交野郡藤坂村	2斤6分2厘5毛 武力入2
	度会県	製茶上		飯高郡宮前村130匁1本 一志郡下之川村160匁1袋 同郡川上村100匁1袋	
		製茶中		一志郡下之川村	160匁1袋
		製茶下		飯高郡宮前村　外村〃	130匁1袋
		荒茶上・中・下		一志郡小原村・飯高郡矢津村 同郡下出江村外村〃	各1斤　目方160匁
	静岡県	茶三品			塗箱に見本鋮力3添
		静岡製茶			箱5
5	滋賀県	製茶		甲賀郡土山産	3壺　1箱　有説
		製茶	楽頭 朝緑 朝之友	甲賀郡信楽谷朝宮村	1壺380目入 1壺400目入 1壺320目入各1箱

記載ないものは空欄。代用茶は記載せず。『日本帝国出品目録』（ドイツ語）に掲載ある府県は太字で強調。

冊	府県名	茶種等	銘	製造・産地	量・容器等
5	（犬上県）	玉露茶・一番茶・二番茶			各3斤
	岐阜県	茶	霞間谷 六之井・正喜撰	池田郡六之井村	各3斤
	筑摩県	煎茶	玉露・月輪 萬代	伊那郡飯田箕瀬産	各1斤
		青茶（即普通煎茶）		益田郡下平村産	
		黒茶（即番茶）		益田郡下平村産	
	福島県	茶	陸濃茶・老ノ友	安達郡柳川村製	各1斤1箱
6	足羽県	玉露		足羽郡平岡園製	1斤入2本
		茶	春薫・友印	坂井郡十楽園製	各1斤入2本
		茶	都印	県下製	1斤入2本
	豊岡県	茶	松・竹・梅印	天田・氷上・多紀3郡	各1斤
	鳥取県	煎茶上・中・下	玉露・青柳 豊之花	因幡智頭郡用ケ瀬驛	2斤・2斤 3斤
		番茶		因幡智頭郡用ケ瀬驛	870目
	北條県	製茶		英田郡海内村製	2袋
		製茶		西二條郡中谷村	2袋
	小田県 （深津県）	茶			1箱
	広島県	青茶・青茶上・青茶下		安芸山県郡	各3斤
		煎茶	山県山	安芸山県郡	3斤
		煎茶	鷹ノ爪	安芸豊田郡	3斤
	山口県	製茶上品・中品・下品		周防鹿野	各3斤
		製茶上品・下品		長門萩沖原	各3斤
		製茶中品		長門萩沖原	2斤半
7	和歌山県	茶		田邊・粉川	各3斤
		番茶・番茶下品			各3斤
	香川県	茶	金露 他無銘2種	阿野郡坂出村	各1斤（3斤3壺）
	小倉県	上茶		下毛郡山移村	2斤
	佐賀県	紅茶		松尾儀助へ注文品	1箱27斤入12箱 （324斤）
	白川県	茶見本 上・中・下			各3斤
	名東県	上製茶・木頭茶 棋子茶（方言）・茶		名東郡徳島小野能倉 海部木頭山中土人・美馬郡祖谷山民 津名郡杌浦島田喜平	
	石鉄県	製茶		温泉郡道後村	1箱
	美ゝ津県	茶		椎葉山市ノ熊奥村石蔵 妻方町本部新兵衛	

第3章

フィラデルフィア万国博覧会

Centennial Exhibition

吉野亜湖

図　フィラデルフィア万博会場の鳥瞰図（米議会図書館蔵）

会期	1876年5月10日〜11月10日
開催地	アメリカ・ペンシルベニア州フィラデルフィア

──⌇ 博覧会概要 ⌇──

アメリカ独立100周年記念として開催されました。入場者数は約989万人に及ぶ、アメリカで最初の大規模な万博です。日本館を含む250の各国・各州のパビリオンが立ち並びました。

エドワード・モース (Edward Morse, 1838-1925) は、「日本の展示は、我々に新たな啓示を与えた。比類ない魅力にとんだディスプレイは、大成功をおさめ、ここから『日本ブーム』がはじまった。」と述べています[1]。

──⌇ 見どころ ⌇──

茶道（茶の湯）についての解説文が、公式出品目録に登場する記念すべき万博です。茶道はどのように世界に紹介されたのでしょうか。

出品された茶の種類は、外国で売れるものに絞られています。緑茶と紅茶だけでなく、烏龍茶の試作も出品されました。黒茶や青茶もリストにあり、どのような茶が海外に向くのか試されるなど、万博はマーケティング調査の場でもあったということがわかります。

今回の万博の事務局総裁は薩摩藩出身の大久保利通（1830-78）、副総裁は西郷従道（1843-1902）、事務局長も薩摩藩出身者であり、旧薩摩藩士が枢要を占める人事となっています。

❖ 日本の展示は驚異の宝庫

日本茶の最大輸出先であるアメリカにおいて初の公式参加となったフィラデルフィア万博（1876）の詳細について見ていきたいと思います*2。

日本は二階建ての日本家屋と売店を建築し参加しました【図3-1】*3。家屋の方は事務所やスタッフの住居としていたため中は非公開でした。売店の庭には、「茶の木三株」を含む様々な日本の植物が植えられ、「日本固有の園庭」の風情を展示していたそうです*4。

図3-1　日本の家屋（上）と売店（株式会社乃村工藝社蔵）

現地の新聞に「万博の中でひときわ目を引いたのは日本」*5と報道され、日本について特集記事も組まれるなど、日本への関心を高めるきっかけとなった万博でした。

アメリカの作家ジェームス・マッケイブ（James McCabe, 1842–83）は、フィラデルフィア万博の歴史について一冊の本にまとめ、日本の展示品について以下のようにレポートしています*6。（筆者訳）

> 日本の展示を一瞥しただけでも、これまでの考えを改めざるを得ないだろう。我々はずっと日本のことを非文明国、よくて半文明国とみなしてき

た。しかし、ヨーロッパの国々が誇りと栄光と文明の象徴と考えている芸術（art）の面で、どの洗練されたヨーロッパの国よりも、日本の方が優れている証拠が並んでいた。

マッケイブは、日本展示部の入り口を飾っていた陶器や銅器などの工芸品は「アメリカとヨーロッパの最高の職人でも真似できない」レベルとして、細かい技巧が施された作品のイラストを掲載しています。その中から「日本のティーポット」を紹介します【図3-2】*7。細かに花々が刻印された作品で、彼が驚いたのもうなずけます。

図3-2　日本のティーポット

万博に訪れた哲学者アーネスト・フェノロサ（Ernest Fenollosa, 1853-1908）も「日本の展示は驚異の宝庫だ」*8 と日記に記しています。フェノロサはこの２年後、東京大学の法理文学部教授に就任し来日します。そして、そこで1906（明治39）年に『茶の本（The Book of Tea）』を執筆する岡倉天心（岡倉覚三、1863-1913）と運命的な出会いを果たします。この時、天心はまだ学生でしたが後の万博で大きな活躍をすることになります。

❖ 世界へ向けて茶道を発信

この万博で、英文の『日本出品目録』*9 の中に茶道が紹介されました【図3-3】。これは公式に茶道が英文で紹介された極初期、というよりも筆者が調べられた限り初の公式文書と思われます。「茶の湯（cha-no-yu）」が解説されているのは以下の３か所です。

図3-3　『日本出品目録』の表紙

1. 陶磁器「楽陶」(第2大区・第206-213小区)
2. 園芸(第7大区)
3. 農産物「煙草・茶」(第6大区・第623小区)

　日本語訳は『米国博覧会報告書』*10 にもありますが多少内容が異なるため、ここでは世界に何を伝えたかがわかる英文の『日本出品目録』の方を取り上げます。

1.「楽陶」(p.60)につけられた「茶の湯」の解説は以下です。(筆者要訳)

> 16世紀に阿米也という韓国人が紹介した焼物で、京都で11代目が製造を受け継いでいる。主要な作品は黒である。往時は「茶の湯」と呼ばれる特別な茶会(tea party)用の茶碗がつくられていた。(「茶の湯」については、第623小区の解説を参照)この儀式を整え定めたのは、将軍太閤様(秀吉)である。太閤様がこれを好み、「楽」(enjoyment)の字を刻んだ印を与えた。

　このフィラデルフィア万博では初の試みとして、日本の陶磁器史を示すような展示を行い、各陶磁器の歴史的背景も解説されました。これは日本のアイデアではなく、イギリスのサウス・ケンジントン博物館(現 ヴィクトリア＆アルバート博物館)が購入を前提に依頼したものです。外国人好みに合わせて売る

図3-4　日本の工芸品展示(Free Library of Philadelphia)

ためにつくられたものではなく、日本人の審美眼によって育まれてきた古陶
磁器を体系的に展示したのです【図3-4】。主にその役割を担ったのが、起
立工商会社でした。同社の出品リスト「新古陶磁器類聚」（第59号）の中に
は、古代土偶から中世の古唐津、古瀬戸、そして楽焼をはじめ全国各地
の陶磁器の名が並んでいます。しかし、『日本出品目録』では、「楽焼」「古
瀬戸」などと書いてあるだけで、どのようなものが展示されていたかまでは
つかめませんでした。そこでイギリスの資料から探ってみたいと思います。

　サウス・ケンジントン博物館は、フィラデルフィア万博に出品された日本
の古陶磁器を216点購入しています*11。この日本陶磁器コレクションにつ
いては、大英博物館学芸員オーガスタス・フランクス（Augustus Franks, 1826-
97）が著した『日本の陶磁器（Japanese Pottery）』（1880）に解説が掲載されて
いるため、ここからフィラデルフィア万博に展示された作品が何であったの
かわかります*12。

　楽茶碗に関しては、本阿弥光悦（1558-1637）と楽家「2代（常慶）、3代　道
入、4代　一入、5代　宗入、6代　左入、7代　長入、8代　得入、9代　了
入、10代　旦入、11代　吉左エ門」の作品、そして金沢の大樋焼、大阪の
吉向窯の茶碗もあり、名品と思われる作品が歴代にわたって並んでいたの
がわかりました。

　図3-5は同書に掲載されたイラストで、中央に豪快なヘラ目が入った黒
楽茶碗です。もう一つ、瀬戸焼の茶入【図3-6】も掲載されていました。この
ような派手な装飾や技巧が施されていない日本の伝統的な陶磁器も、フィ
ラデルフィア万博に出品されていたことが判明しました。

　『日本の陶磁器』は、日本の陶磁器を理解するには茶道の知識が不可

左・図3-5　楽茶碗・7代長入
（1750年ごろ）
右・図3-6　瀬戸焼の茶入
（『Japanese Pottery』）

欠であるという立場をとり、序文で茶道の歴史から茶会の流れと道具について解説を書いています。そしてこの時代、「英文の茶道の解説書はほぼなかった」と同序文にありますので、フィラデルフィア万博は、茶道史においても意義のある万博であったと考えられます。

2. 以下は、出品目録の「園芸」(p.115) の部にある茶庭 (露地) についての解説文です (筆者訳)。

> もし「茶の湯」と呼ばれる静寂な茶会用の特別な部屋が設えてあれば、心を落ち着かせる特別な庭が必要となる。古の寺院のように石灯篭が木陰に備えられ、葉の間を通して薄暗い光を庭に映す。すべてが茶会の意に調和するように配置されている。

　英文では茶室という表現はなく、単に「特別な部屋 (particular room)」と書いてありますが、公式報告書の原文には「茶寮」と表記されていました。また、茶の湯は「茗讌」という漢字があてられています。明治の教養人が残した文章を読むのは、なかなか骨が折れます。例えば、「茶釜」にはどんな漢字があてられていたかというと、江戸時代の文献を読む方はご存知かもしれません。答えは、急須の別称としても用いられている漢字「茶銚」です。当時は急須も火にかけて湯を沸かしていたので、明確な区別がなかったのかもしれませんが、出品目録から茶道具を見落とさないように気を付けて読んでいかなければなりません。

3. 農業館の展示物「煙草・茶」の解説では、「茶は日本産物の首要たるの一品」として日本茶の歴史から語り始め、「栽培法も製法も中国と異なるので詳細は勧業寮が編纂した小冊子に記す」とあります。そのためか農産物の「茶」の解説全2ページ分 (p.107-108) の半分以上が、茶道の内容であるのが意外でした。

　それでは万博という場で世界にどのように茶道を紹介したのか、見てい

きましょう。（筆者要訳）

> 茶は人の心身を感動させるものである。そのためすぐに生活必需品と
> なった。平和的に親交を深める際にも最適な飲み物である。やがて日
> 本の歴史、生活に影響を与え、「茶の湯」という儀式（ceremony）が起こっ
> た。これは、将軍足利義政（1443-73在位）が内政を平和的に治め、穏
> やかに人々と親交を深めるために規矩を定め、慣習としたものである。
> 後に将軍秀吉（太閤様）の近親者の千利休によって儀式が改められ、確
> 立し、現在も引き継がれている。

　足利義政（1436-90）と豊臣秀吉（1537-98）、千利休（1522-91）の3名を用い
て茶道の歴史が古いことを示しています。
　そして、茶会の特徴と「粉の茶」（抹茶）の薄茶と濃茶の飲み方も説明さ
れていますので、茶会の内容に関する部分を以下に要訳します。

> 客は5名以内に限られ、武器は外に置いておく。3畳以下の狭い部屋で、
> 閑寂な庭が備わり、室内には書画が掛けられているだけである。亭主
> が道具や炭を運び入れ、自ら茶（powdered tea-leaves）を点て客に出す。
> 濃い茶は客全員で飲みまわし、薄い茶は一人一碗ずつ点てる。会話
> は茶に関する話題に限られ、香合など様々な道具を拝見する。マニラ
> やシャムなどからの輸入品の古陶磁と同様に「楽」が貴ばれている。こ
> のような簡素な茶器が絹の布と箱に収められていることに、外国人は驚
> く。

　ここでも楽茶碗が茶道において重要な位置を占めていることが、述べら
れていました。また、庭についても触れ、陶芸と園芸に茶が関わってきた
ことを示しています。そして、全体を通じて強調していたのは、平和
（peaceful）、平等（equality）、調和（harmony）という意識でした。

身分の隔てなく互いが平等で調和の内に茶を飲む。太閤様が重視した
のは、平和の想いを互いに呼び覚ますことであり、功績の褒美に土地
を与える代わりに、茶道具を与えることもあった。

　最後に「茶の湯の会の重要性は減少しているが、それでも時折は催され、
一部で師伝が続いている」と過去に意義があったものとして伝えています。
明治維新を迎えてから文明開化の波に押され、日本の伝統文化は茶道を
含めて厳しい時期にあったことは確かです。
　フィラデルフィア万博では農産物の「茶」の文化として茶道について解説
されていますが、前述のフランクスの著書『日本の陶磁器』(1880)のように、
茶道の解説が出品目録にも必要だという要望が、サウス・ケンジントン博
物館など海外から事前にあった可能性が考えられます。この万博では、
事務局にウィーン万博(1873)から関わっているゴットフリード・ワグネル
(Gottfried Wagener, 1831-92)が委員に入っていたので、海外からの要望を取
り入れる体制はあったと思われます。
　なお、日本ではフィラデルフィア万博開催の年に廃刀令が布告され、翌
年に西南戦争(1877)が勃発します。内乱が収まり、伝統文化が再興する
時期は次の万博以降の話になります。

❖ 農業館の日本展示はハンサム

　農業館の南西の一角は、日本製品のコーナーにあてられました。**図
3-7**[13]を見ると、「茶」の区画が大きく取られていることがわかります。
　日本の展示区画では、茶の栽培の様子を茶樹の成長段階ごとにカラー
イラストで紹介し、茶箱、茶壺、金属製や陶器製の茶入とガラス瓶に入っ
た見本茶がずらりと並べられていました。「末茶器」(抹茶器)と「煎茶器」も、
農業館「煙草及び茶」(第623小区)の出品物として公式報告書[14]に記録さ
れていますので、ただ茶葉を並べるだけでなく、栽培法や喫茶の文化も紹
介していた様子がうかがわれます。

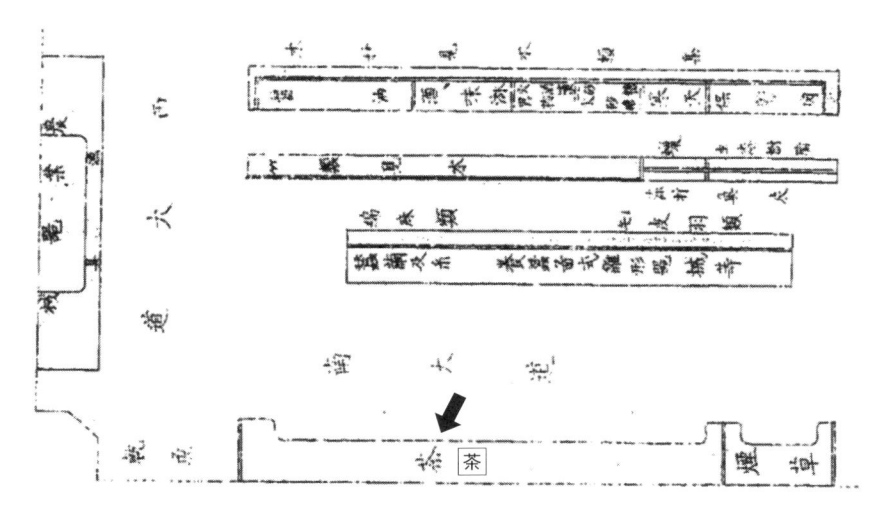

図3-7　農業館「日本列品区画図」（矢印と活字は引用者）

　また、茶の展示への感想ではありませんが、版画家のフランク・レスリー
（Frank Leslie,1821-80）が万博の記録を著した書で、日本の生糸のディスプレ
イはイラスト入りで製造法も示されていたので「ベリー・ハンサム」と感想を
述べています*15。

❖ 日本茶はカラフル

　さて、前章で述べたようにウィーン万博（1873）では京都府から「黒茶」が
出品されていましたが、フィラデルフィア万博の出品の中にもありました。
出品茶については、**表〔日本語と英文の出品目録比較〕**を作成して一覧で
きるようにまとめました。面白いことに、廃藩置県（1871）が行われた直後の
ウィーン万博では府県別に書かれていたのに対し、フィラデルフィア万博の
公式出品目録*16では、例えば「静岡県」は「遠江」「駿河」など旧国名が
用いられています（京都の「上林春松、三入」や静岡の「尾崎伊兵衛」など名の通った
茶業者もあるが表では個人名は省略）。

　農・工・商を奨励するため内務省に設置された勧業寮からは、緑茶や

表〔日本語と英文の出品目録比較〕

「日本出品目録」(『米国博覧会報告書』)			『Official Catalogue of the Japanese Section』	
号	出品主 (個人名略)	茶種	No.	茶種
⑦70	勧業寮	真色緑茶8　青製1 紅茶6　烏龍製2 青龍製3　代用品7	70	green, black, and its adulterations
71	日向 (宮崎県)	宇治製茶1　紅茶1	71	tea
72	日向	紅茶1　**黒茶**1	72	tea
73	日向	紅茶1	73	tea
74	日向	青茶1	74	tea
75	日向	紅茶1	75	tea
76	常陸 (茨城県)	青茶2	76	green
77	常陸	緑茶1	77	green
78	常陸	緑茶1	78	green
79	常陸	緑茶2	79	green
80	常陸	緑茶五家製2	80	green
81	常陸	緑茶四浦製1	81	green
82	常陸	緑茶1	82	green
83	常陸	宇治製茶2	83	green
84	常陸	紅製茶1	84	black
85	筑後 (福岡県)	**黒茶**鹿子尾製5	85	**black**
86	近江 (滋賀県)	緑茶1	86	green
87	近江	緑茶	87	green
88	土佐 (高知県)	緑茶	88	green
89	越前 (福井県)	緑茶	89	green
⑨90	石見 (島根県)	宇治製茶2　**黒製茶**1	90	tea
91	美濃 (岐阜県)	宇治製茶1　緑製茶1	91	tea
92	肥前 (佐賀県)	緑茶2	92	tea
93	越後 (新潟県)	緑茶2	93	green
94	越後	紅茶2	94	black
95	遠江 (静岡県)	緑茶1	95	green
96	遠江	緑茶1	96	green
97	駿河 (静岡県)	緑茶2	97	green
98	京都	緑茶4	98	green
99	京都	緑茶4	99	tea
100	京都	緑茶4	100	green
101	山城宇治	茶ノ見本8 製茶用の器具8及ヒ装置	101	green Implements and apparatus used for the preparation.
⑩102	起立工商会社	茶ノ見本・肥前嬉野産　緑茶・ 肥前黒子泰蔵製　紅茶	102	tea
⑩103	加賀 (石川県)	茶ノ見本・金沢産	103	tea
号外	勧業寮	本色茶鉄焙炉製	無	
号外	勧業寮製茶掛	煎茶器　抹茶器　合36品	無	

(　)内は筆者補足。号に○は入賞茶。番号は各目録通り (黒茶は太字にした)。

紅茶だけでなく「烏龍茶」も出品されています。日本で烏龍茶製造が盛り上がるのは1880年代後半[17]のことですから、この万博で政府が果敢にチャレンジしていたことがわかります。

　また、「宇治製茶」は、宇治の手揉み製法で製茶された煎茶のことですので、緑茶の一種です。全体としては緑茶が中心でしたが、紅茶も勧業寮を含めると15種（出品主8名）あります。（「紅製茶」も紅茶と判断）

　実は、この日本語と英文の比較表を作製した一番の目的は、「黒茶」の正体を探るためでした。英訳で「black tea」とあれば、紅茶だと推定できると考えました。

　表に示した通り、第72号の「黒茶」や第90号の「黒製茶」は単に「tea」と英訳されていましたので、第85号の「黒茶」が「black」となっていることに注目したいと思います。

　しかし単純に「黒」を「black」と（紅茶という意味ではなく）英訳した可能性も捨てきれないので、次に同時代の文献から「黒茶」を探してみることにしました。共に一歩ずつ謎解きを楽しんでいただければ嬉しいです。

❖ 黒茶と青茶

　1874（明治7）年に勧業寮から「紅茶製法書」が配布されたことは、前章ウィーン万博（1873）で述べました。そこに添えられた布達「第134号」に、中国製法の紅茶の需要はあるものの、開港場の外国商が「紅茶製に成し難きが故に緑茶或は黒茶等に再製」（紅茶に製造するのが難しいため緑茶あるいは黒茶等に再製）し海外へ出荷している、と当時の状況が語られています[18]。そして、黒茶でなく紅茶をつくれば「利を得るは疑いなき」と紅茶製造をすすめているのです。これで「黒茶」は紅茶とは異なる茶だとわかりました。

　では黒茶とはどういう茶だったのか？　ということにも興味が出てきたのではないでしょうか。それは同年（1874）に出版された『茶説集成』にある「黒製」のことと思われます（以下は製法の要訳）[19]。

茶に青製・黒製・紅製あり。（中略）黒製というは、摘んだ葉を釜で炒り、
　　葉に水をかけて混ぜ、筵（むしろ）に広げて2日寝かしてから釜で乾燥させる。

　黒製は「下等なり」とあるので、番茶の一種といえます。その後に「紅茶」の製法を紹介しています。そして、「青製」については蒸した葉を筵の上で揉み、焙炉の上で乾燥させる製法なので、煎茶の一種としてよいでしょう。出品茶の中にある「青茶」は、これにあたると考えます。ウィーン万博の『墺国博覧会出品目録』（2章末表参照）では、「黒茶」は「番茶」とあり、「青茶」は「普通煎茶」とした説明とも一致します。出品茶を見ていくと、輸出に向く茶を懸命に模索していた時代であったことがわかります。

　ちなみに、勧業寮が出品した代用品7種とは、「桑茶、甘茶、弘法茶、楊柳、よめな、ごしゅををばく藤（呉茱黄柏湯か？）、くろむぎ茶」であることも「米国博覧会出品茶内訳」に記録されていました[20]。また、同書で「宮崎、白川、佐賀、三潴」は中国式の製茶を行っているため他と異なる、と分析されています。よって、これら九州地区からの緑茶は釜炒り製だったと考えてよいでしょう。

❖ 真色の緑茶とは？

　さらに勧業寮が出品した「真色緑茶」と「本色茶鉄焙炉製」がわかると、この後の明治の万博で出品された茶についてもイメージできると思います。

　まずは明治初期の煎茶製法を『製茶説』の絵【図3-8】①・②[21]と共に追っていきましょう。①摘み取った茶葉を蒸し、②焙炉の上で揉み乾燥させます。③は紙の代わりに鉄板を用いた「鉄焙炉」になります[22]。

　当時の茶は、船で数か月かけて輸送するには乾燥が足りないなど不向きであったため、開港場の外国商が再乾燥（再製）してから出荷していたのです。また、先に世界市場を占めていた中国茶が再製時に着色をしていたため、日本茶もそれに倣って着色が施されていました[23]。それに対し、日本側は着色しない茶を「真色」または「本色茶」と呼び、無着色の日本

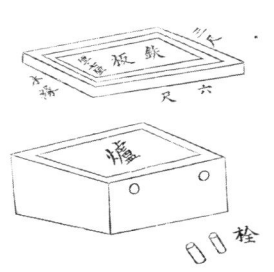

図3-8　①茶葉を蒸す　②焙炉の上で揉み乾燥（以上『製茶説』）　③鉄焙炉（『静岡県茶業史』）

茶を売り出そうと試みていたのです。

　アメリカの公式報告書に、茶の審査員の講評が掲載されていましたので該当部分を引用します*24（以下筆者訳）。

> 茶の展示は量も種類も多くなく、ほとんどが日本、中国、ブラジル産であった。日本は、着色など添加物が一切ない純粋な茶で、非常に優れたサンプルを出品していたため、正当な理由で非常に高く評価された。

　日本の入賞茶は、勧業寮と起立工商会社を含む5点で、いずれも講評に品質の高さと、添加物がないことがあげられています（入賞茶は68頁の表に○で示した）*25。政府の戦略が功を奏したといえましょう。

❖ 教育及び知学としての茶道

　それまでの万博において茶道具は、工芸品や古陶磁器に分類されて展示されてきました。フィラデルフィア万博で目を引くのは、茶道具（茗讌器）が

「教育及び知学」の区分で、香道具・歌会道具と共に展示されていたことです。つまり、この万博では和歌や香道と並んで、茶道が日本人の教養の一つとしてプレゼンテーションされたことになります。

　このようにフィラデルフィア万博では、茶道が工芸品、園芸、農業、教育の場にも存在を示し始めました。そしていよいよ、次の第3回パリ万博では「茶室」が登場します。

コラム

教草
<small>おしえぐさ</small>

　ウィーン万博 (1873) を機に、日本の国民が国産品についての知識を得るようにと、児童向け教材「教草」が制作されました。茶を取り上げた「製茶一覧」は、歴史、栽培から製法 (煎茶、抹茶) と語られ、最後に「茶礼」(茶道) について絵を用いながら示しています【図3-9】*26。

　フィラデルフィア万博 (1876) では、茶業の解説文に茶道の情報を加え、農業館での茶葉の展示に茶道具を組み込んでいました。

　明治初期、政府は茶業も茶道も共に日本の茶文化として発展してきたことを国内外に紹介し、日本を豊かにしようとしていたのではないでしょうか。現代の茶道家や茶の愛好家も万博の歴史から製茶について知識を深め、茶業者は歴史文化に興味を持っていただければ、より豊かな日本茶の文化が形成されていくことにつながるのではと思います。

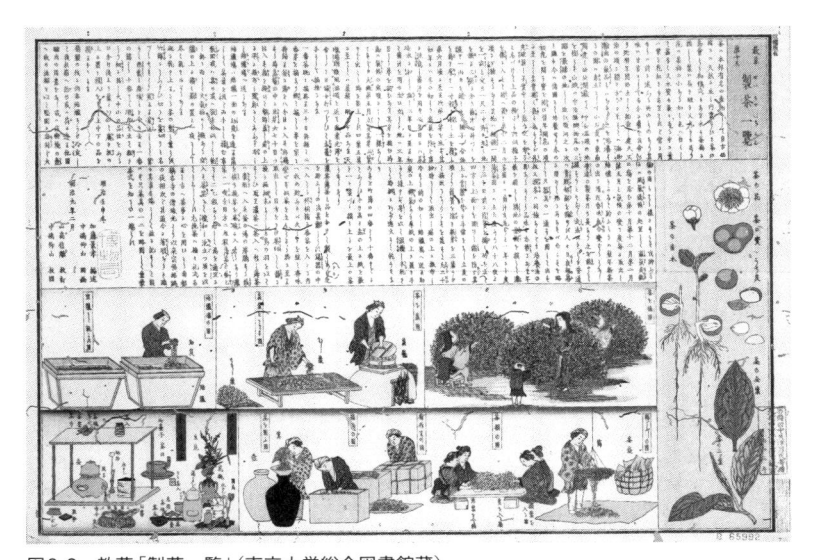

図3-9　教草「製茶一覧」(東京大学総合図書館蔵)

第4章

第3回パリ万国博覧会

Exposition Universelle de Paris 1878

吉野亜湖

図　第3回パリ万博会場の鳥瞰図（カルナヴァレ美術館蔵）

会期	1878（明治11）年5月1日〜11月10日
開催地	フランス・パリ

——⚬ 博覧会概要 ⚬——

第3回パリ万博は、プロイセン（ドイツ）に敗北した普仏戦争からのフランスの復興を祝うことを目的に開催されました。日本を含め36か国が参加しましたが、ドイツは招待されていません。前回（第2回パリ万博・第1章）の会場となったシャン・ド・マルスには長方形の大きなメイン会場が設けられ、さらにトロカデロ広場には左右に円弧を描く翼廊を持つ宮殿が建築されました。会期中に1600万人以上が来場しました。

フランスでジャポニスムが盛り上がり、日本の美術工芸品への関心が高まっていた時期にあたります。

——⚬ 見どころ ⚬——

第3回パリ万博には「茶室」が登場し、日本パビリオンの中央に配置されました。その茶室を担当したのが、後に近代数寄者として名を馳せる益田孝（鈍翁、1848-1938）率いる三井物産会社で、優れた出品物に与えられる銀牌を受賞しました。

これまでの万博では事務局に前述したワグネルのような「お雇い外国人」（明治政府に雇用された外国人）がいましたが、この万博以降は日本人だけで構成されていきます。言語から交渉に至るまで、日本人が主体となって動きはじめた万博です。

世界に向けた茶の紹介は、日本人によってどのように行われたのでしょうか。これまでと比べどのように変化したかという点にも注目です。

✤「素朴な雰囲気」の日本パビリオン

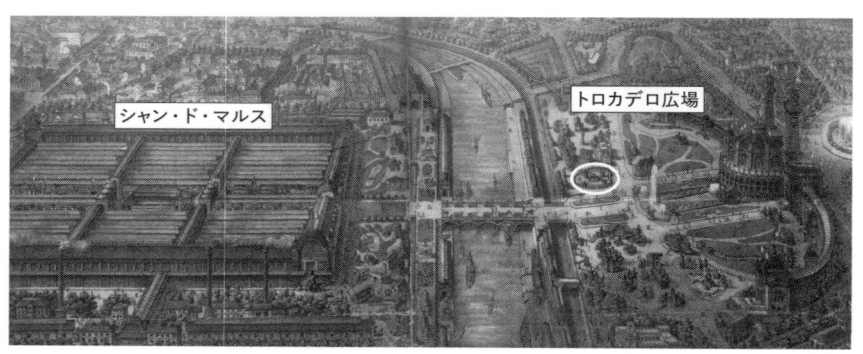

図4-1　パリ万博鳥瞰図（丸と活字は引用者）

　万博初登場となる茶室については後ほど詳しく述べるとして、最初に日本パビリオンの全体像を把握しておきたいと思います。

　第3回パリ万博（1878）では、トロカデロ広場の噴水の前、人々の往来が多い一等地ともいえる場所に、庭園と家屋を建築した日本パビリオンが設けられました。エッフェル塔と向かい合うトロカデロ広場は、2024年パリオリンピック開会式にも登場したように、パリの歴史的ランドマークとしても知られています。ただしエッフェル塔は第4回パリ万博（1889）のモニュメントとして建設されるものなので、この時点ではまだありません。

　図4-1のパリ万博鳥瞰図[*1]に丸で囲った円形のエリア（約千坪）が日本の敷地です。右にそびえるのがトロカデロ宮殿（古物館）で、日本製品を含む古美術の展示が行われました。

　日本パビリオンからセーヌ川を渡ったメイン会場のシャン・ド・マル

図4-2　シャン・ド・マルスの日本展示館入り口

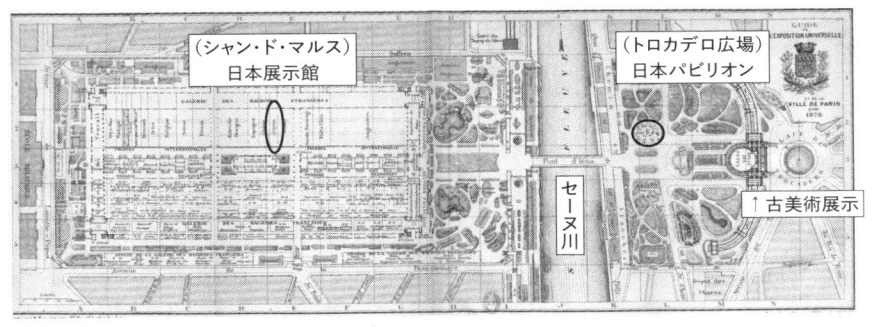

（シャン・ド・マルス）
日本展示館

（トロカデロ広場）
日本パビリオン

セーヌ川

↑古美術展示

図4-3　パリ万博平面図（丸と活字は引用者）

スの「外国部」にも日本展示館
があり、入り口は威風堂々とし
た立派な造りです【図4-2】*2。
外国部の区画には起立工商会
社の売店も建てられていまし
た。
　パリ万博平面図【図4-3】*3に
丸で囲んだ場所が日本庭園や

図4-4　日本パビリオンの門（パリ市歴史図書館蔵）

家屋を建築したパビリオン、左の丸で囲んだ部分が日本展示館になりま
す。
　トロカデロ広場の日本パビリオンの門は、**図4-4**で確認できるように柱に
「梅竹」、扉には「蘭竹草花」、上に雄雌対の鶏の彫刻が施されています。
庭に陶磁器の壺などを展示し、「小池」を掘って陶製の噴水器を据えてい
ました。池の脇には「水田」があり、白竹を用いた垣根にインゲン豆などの
蔓を這わせ、花壇には花だけでなく穀物や野菜を栽培し、鶏などを飼育す
る様子も展示していました【図4-5】。また、庭の隅に売店が3棟設けられ、
三井物産会社など数社が雑貨を販売していたようです。この中に日本家屋
「茶室」がありました*4。
　日本家屋と売店と庭という構成は、フィラデルフィア万博（1876）の日本パ
ビリオンと大きな変化はありませんが、パリの人々はどのような反応を示し

図4-5　日本パビリオンの庭園（パリ市歴史図書館蔵）

たのでしょうか。万博のガイドブックでは、フランス人は素朴な雰囲気に魅力を感じたようです（以下筆者要訳）*5。

> 中国よりシンプルな味わいの日本パビリオンは、シャン・ド・マルスの展示館のような派手な演出はないが、私たちを日本の習慣に引き込む場を再現している。竹垣や木造の小屋など、見た目は平凡ながら実に魅力的だ。門扉の上部に家禽類の彫刻が見え、入ると農具、家禽籠、花の鉢などが並んでいる。大きな紙のパラソルを脇に立てた腰掛で憩い、鳥のさえずりを聞く。藁のマット、紙の仕切りで構成された家屋では、スーツを着てフランス語を話す生身の日本人が迎えてくれるので有意義な時間を過ごせる。

　藁のマットとは畳、紙の仕切りは障子や襖のことでしょう。花の鉢とは盆栽だと思われます。確かにパビリオンとしては地味に感じますが、ヨーロッパにはない日本の家屋と植物に囲まれた異空間で、普段は出会えない「生身の日本人」と会話ができることも好ましかったようです。後段で紹介するフランスの新聞『イリュストラシオン』にも、中国人よりも日本人は西洋の風習を受け入れ、フランス語で対応してくれるので親近感があるとの記事がありました。

❖ パリ万博の茶室とは

　それではいよいよ、どのような「茶室」が建てられたのか、日本の公式
報告書*6から見ていきましょう。

> 園の中央には国風の小茶室を築き、室内に銅、陶、漆器及び蒔絵の
> 小書棚、花鳥の帖、盆栽等を散置し、来客あれば此室に延ひて、我
> 茶菓を供せり

　つまり、日本パビリオンの中央に「小茶室」が、メインの日本家屋として
建築されたのです。同報告書の平面図にある中央の黒い四角の部分が、
この茶室でしょう【図4-6】。

　茶室の外観はパリのイラスト入
り新聞『イリュストラシオン』（1878
年6月8日付）に描かれていました。
庭に野点傘、大きな陶磁器の壺
が置かれていた様子もよくわかり
ます【図4-7】*7。

　この新聞記事では、「パリ生
まれのフランス人実業家などに

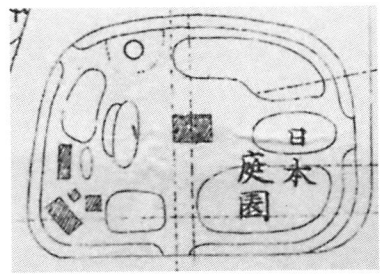

図4-6　「平面図」（『仏蘭西巴里府万国大博
覧会報告書』）

図4-7　茶室外観（『イリュストラシオン』）

任せず、直接自分たちで日本の存在を知らせたいと大博覧会に参加してきた」と書き始めています。現地で建築から解説まで日本人自らが行っていることを意欲的と感じていたようです。

図4-8　茶室内装（『イリュストラシオン』）

　室内には銅、陶、漆器、花鳥画、盆栽など様々な装飾品が展示されていたとありますから、装飾品を極力省く抹茶の茶席とはずいぶん趣が異なり、どちらかというと煎茶道の茶席飾りに近いように感じます。幸い同新聞記事に内装のイラストも掲載されていましたので、そちらを確認してみましょう【図4-8】。

　この記事を書いた新聞記者は、日本人は西洋のマナーや服装を受け入れつつも「自分たちの慣習に忠実で自然体でいる」と見ていたようです。陶磁器や漆器が飾られている部屋で「民族衣装をまとった者とヨーロッパ人と同じ格好をした進歩的な人物が厚手のマットの上にうずくまるように座ったり、寝そべったり、紙のように薄くかわいいカップでお茶を出す」と、まさにこのイラストの状況を描写しています。ここで出会った日本人は「中国人より社交的で朗らか」な印象だったことも記されていました。

　よく見ると、この絵には後ろ手の急須から茶を注いでいる様子が描かれています。そうなると、煎茶もしくは玉露などの上質な茶が呈茶されていたと思われ、菓子も添えていたと報告書にありましたから、まさに茶席のように客をもてなしたのでしょう。

　イラストの茶を淹れている洋装の人物は、事務官長の前田正名（1850-1921）ではないかと推測する研究者もいます*8。日本茶ファンの筆者としては、実際そうであって欲しいと強く願います。彼は後に農商務省次官となり、日本茶業界と大きな関わりを持つ、茶業界の恩人といえる人物だからです。

❖ 前田正名と茶

　第3回パリ万博では、前回のフィラデルフィア万博（1876）の布陣と同じく事務局総裁は旧薩摩藩士の大久保利通（1830-78）でした。しかし、万博開催日（1878年5月20日）のわずか6日前に不平士族に暗殺されてしまいます。そ

図4-9　前田正名

のため、副総裁だった旧薩摩藩士の松方正義（1835-1924）が総裁を引き継ぎました。

　いずれにせよ、万博の前年は西郷隆盛（1828-77）を盟主とした西南戦争が勃発し、大久保利通は明治政府軍を指揮する立場として対応に追われていたようなので、万博の準備は松方と事務官が主体となって動いていたはずです。この時27歳で内務省勧業寮御用掛だった前田正名（同じく薩摩藩出身）は、事務官（事務官長）として準備から携わっています。フランス留学時から髭を蓄えていたので、茶を淹れているイラストの人物と外見が一致するように見えます【図4-9】*9。

　正名が茶業界の「恩人」とされるのはなぜかといえば、貿易の主導権を外国商から日本人の手に移すために直輸出の実現を長年かけて激励し続けた結果、明治20年代に全国の茶業者が結集し、海外への販促組織である「全国茶業会」の結成に至ったからです。資金難で行き詰まっていた時には自身の「正宗の名刀」を売れ！と差し出し、これを機に有志などから資金が集まり、悲願の直貿易会社（日本製茶会社）が設立され、歩みを進めることができました。茶業組合中央会議所設立30周年記念の際、正名に感謝状が贈られています。その時、会頭であった大谷嘉兵衛（1845-1933）がスピーチの冒頭で次のように述べました*10。

　　「前田正名閣下においては茶業の創めより陰に陽に御尽力下さいましたことは、到底1時間や2時間で述べつくす訳には参りません」

この言葉が全てを物語っているように思います。明治の知識人の中に直貿易を唱える人物は少なくなかったのですが、正名は実際に相手を動かす熱い男だったようです。日本茶に関わる方にはぜひとも知っておいていただきたいと思い書き添えました。

正名は19歳で渡仏し、パリ万博の開催が決定した時は日本公使館書記生として勤めながら、万博開催に向けて開設されたフランス高等委員会の事務員として、万博準備の実務に携わっていました[*11]。そこで日本が万博に参加することで直貿易の商圏を築くきっかけになると奮起し、1876（明治9）年に内務省勧業寮御用掛に任じられると、急ぎ日本に戻り万博参加の準備に猛進します。帰国後は、元薩摩藩邸があった荒地を開墾し輸出に向けた植物や家畜の試験場（三田育種場）をつくり、場長となっていましたので、工芸品だけでなく動植物の輸出の可能性も視野に入れながらパリ万博へ向かったのでしょう[*12]。

また、正名は若くして蘭学（オランダ語）を修め、長崎で英語を習得し、1869（明治2）年から渡仏して留学生活を送り、その後フランス公使館に勤務していたので、外国語に長けていました。ウィーン万博（1873）とフィラデルフィア万博（1876）では「お雇い外国人」が日本の万博委員の中に入っていましたが、この万博は日本人メンバーのみで構成されています。正名のような留学体験を持つ人材も育ち、日本人が外国語を話し、直接やり取りをしていく時代になったのです

フランス語版の公式日本出品解説書『ル・ジャポン』【図4-10】[*13]にも、正名の関与が色濃く感じられます。正名はこの解説書をベースにしてフランスの科学雑誌『ルヴュ・シィアンティフィック』に、「日本の漆器」（1878年6月15日号）と「日本の陶磁器」（同年6月22, 29 日号）について寄稿しているからです【図4-11】[*14]。

この公式出品解説書が面白いのは、序文に

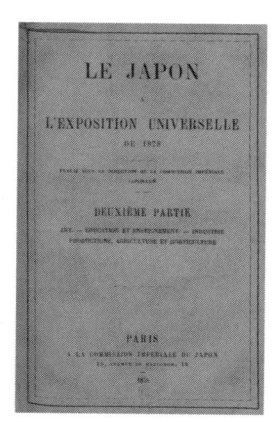

図4-10　日本出品解説書
『ル・ジャポン』の表紙

日本語の固有名詞をヘボン式ローマ字で表記することを明示している点です。発音のガイドまで示しています。例えば、「茶人」は「chajin」とローマ字で書き、発音の仕方を以下のように紹介していました。（以下筆者訳）

| 「CH」は「Tchernaia（チェルナァア）」のように「tch」と発音する。（p.Ⅶ）

このように、日本にしかない固有の言葉は、日本語（ローマ字）で世界に示していました。

「薄茶」「濃茶」も、フィラデルフィア万博（1876）の公式出品目録解説では「薄い飲料（thin beverage）」、「濃い飲料（thick beverage）」と英訳していましたが、このパリ万博では「Usucha」「Koicha」とローマ字で紹介しています。これによって、茶にまつわる日本語もフランスへ輸出されたといえましょう。

それでは、第３回パリ万博の公式出品解説書では「茶」や茶道をどのように紹介したのか、フィラデルフィア万博（1876）の公式出品解説の記述を踏襲しているのか、異なっているのか、次段で見ていきましょう。

図4-11 『ルヴュ・シィアンティフィック』1878年６月15日号より（「前田、万博日本事務官長」とある）

❖ フランス語で伝えられた茶道の歴史

フィラデルフィア万博（1876）と同様に、第３回パリ万博の公式出品解説書でも「茶」の解説部分で茶道について触れています[*15]。日本茶の歴史について「起源は不明」としながらも、729（天平元）年に「聖武天皇が僧に茶を振る舞った」とした史料があることから始め、8世紀から9世紀初期の

文献（『類聚国史』など）に茶が登場することを述べています。

　茶道（茶の湯）の登場については、足利義満（1358-1408）から始めているので、その部分を要約します。

> 1400年、将軍足利義満は大内義弘に、生産量を増やすため宇治に新しい茶園を開墾することを命じた。現在も宇治茶は日本で最高の茶と評価されている。この将軍の治世中に、「茶の湯（chanoyu）」と呼ばれる儀式が導入された。この時の茶は、同時期の詩などから粉末状の茶であったと考えられる。

　フィラデルフィア万博（1876）では銀閣寺（東山慈照寺）を創建した室町幕府第8代将軍「足利義政」の時代としていましたが、金閣寺（鹿苑寺）を建てた第3代将軍「足利義満」に変わっています。「秀吉」と「千利休」の名や茶会（茶事）の流れと茶道具の記載がなくなりました。

　その代わり、茶の栽培と製造法の歴史について書いています。要約すると、初期の製造法は、「新芽を湯がいて天日乾燥してから粉砕する」と説明し、「1570年代初頭に上林という宇治の茶商が霜避けのための棚を作らせ（覆下栽培）、薄茶と濃茶の区別が始まった」としています*16。この部分は出典となる史料名の記載はありません。

　そして茶道の目的は、このパリ万博では以下のように「絆」を深めることだと伝えられました。

> 粉末状の茶は茶の湯と呼ばれる儀式にのみ使用され、濃茶と薄茶がある。茶の湯の儀式は、友との絆を強めることを目的としている。主人自身が使用人に任せずに準備からすべて行う。

　以上の茶道や抹茶の歴史について説明したあと、「ルーズリーフ」（製茶した葉茶）の製造法に触れ、現輸出品は緑茶と紅茶であると解説しています。そして、良質な茶は牛乳と砂糖を加えずにストレートで飲む文化があること

をここで示しました。

> 日本では、ルーズリーフティーが一般的で牛乳も砂糖も加えない。加えれば本来の風味を失う。中国式に調製された品質の劣る紅茶や緑茶は、苦みを和らげるために砂糖と牛乳の使用を必要とする。

　この「中国式に調整」とは、外国商によって再製された日本茶を意味するのでしょう。ストレートで飲むことをフランス人に勧めているというよりも、日本の茶文化を日本人によって正しく伝えようとする意欲が読み取れます。

　その他、茶道については「楽焼」(p.54) の解説の中で「茶人が好んだ」程度しか触れられていません。また、第３回パリ万博の公式出品解説書では、漆器や陶磁器については、土や釉薬の成分、製造方法から焼成の仕方まで科学的な視点で詳細を書いているのが特徴です。

　少し混乱しそうですが、日本の万博事務局は、公式出品解説書とは別に『日本の地理と歴史』と題した解説書もフランス語で刊行しています【図4-12】。そこには、「茶の湯 (cha-no-yu) は非常に作法が複雑な茶会」として紹介され、「義植（よしたね）の治世に、義政は遊興にふけり、『茶の湯』と呼ばれる会を推奨したのも義政である」と示しています[17]（足利義植は室町幕府第10代将軍、1466-1523)。ここで重要なのは、日本の歴史を外国に向けて解説する際も、茶道の情報が使われたことです。

　フィラデルフィア万博 (1876) 以降、万博という世界の大舞台において短いながらも外国語で茶道について公（おおやけ）に伝えられるようになったことで、外国人が日本の工芸品について理解を深めていきます。明治の早い段階で、世界の人々が日本を理解するのに茶道の知識を必要としていた、ということが万博の歴史からわかりました。

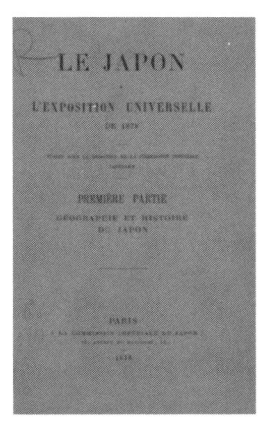

図4-12　『日本の地理と歴史』の表紙

✤ 若き鈍翁

次に、茶室と三井物産会社の益田孝【図4-13】との関係について見ていきましょう。日本パビリオン内の建物（茶室と売店）は、三井物産会社が日本から大工3名を派遣して建築したものです*18。そして、シャン・ド・マルスの日本展示館の豪華な外装も、三井物産会社の出資です。現地での前準備も前田正名が同行し、同社が担当しました。

図4-13　物産写真帖より「益田孝」（三井文庫蔵）

加えて、出品物の海外輸送と現地での販売、会期中の植物の手入れや家禽の世話までも三井物産会社が行ったのです。その経緯や狙いは、益田孝が大隈重信（大蔵卿）へ宛てた願書に書いてありました【図4-14】*19。

益田は前田からフランスの現況を聞き、「大いに益するところあり」、自分の考えていたことと「同轍に出るがごとし」と背中を押され、決意を固めたようです。かなり長文の願書ですので、以下に要点だけまとめて訳します。

> 富国のためには通商貿易を振興させなければなりません。そのためには需要地の嗜好に適する品を見極めなければなりません。そのためパリ万博に先立ち開催地に「出張店」を設立し、出品に関わる諸般の事務を担当しながら、現地の需要に適するものを選んで販売を試み、会期後もその様子と前田氏の指示も参考にしながら、現地の有益な情報を報告し、輸出拡大を図ります。万博会場の建築物及び動植物の世話などは全て弊社が引き受け、政府の負担をなくします。ウィーン万博とフィラデルフィア万博では全て政府がされていましたが、物品の輸送から会期後の売り捌きまで弊社が取り扱えば、政府側の人員も費用も節約できるでしょう。なにとぞ御用はことごとく弊社へ仰せつけ下されますよう願い奉ります。

益田孝は万博を機にパリ支店を設けて直輸出に挑み、開始５年間は政府の保護を受けたいと願い出たのです。三井物産会社は、西南戦争で官軍の食糧・軍需品の調達の任についていましたので、万博に経費がかけられない政府の現状も汲んでの申し出だったのでしょう。結果、同社はパリ支店を設立、会期後の物品販売も担当することになりました。

後に近代茶道界をリードしていく益田孝（鈍翁）が、パリ万博の茶室に関わっていたことだけでも、茶道をしている者にとっては興味をかき立てられ

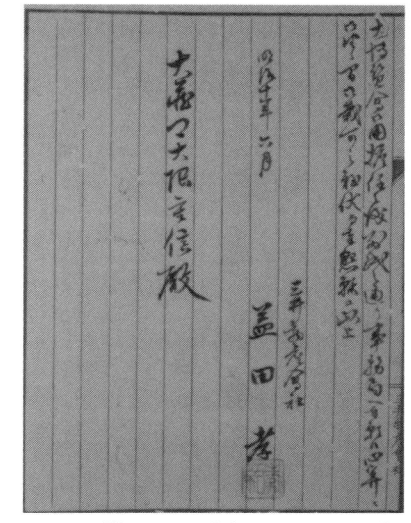

図4-14 「『パリー』へ支店設置ニ関スル願書」の一部（早稲田大学図書館蔵）

ずにいられない話です。そして、この願書を読むと、同世代の前田正名と益田孝が意気投合したのであろう様子が目に浮かんできます。

副総裁の松方正義（当時大蔵大輔）が大隈重信に送った手紙（1877年4月16日付）に、万博が迫ってきたので「前田正名が帰国し、色々せっつかれ」[20]、と書いていたのを思い出しました。正名のパリ万博に向かう気迫が、伝わってくるようではないですか。

❖「農家」でお茶会？

さて、第３回パリ万博では「茶室」で葉茶（煎茶または玉露など）が振る舞われていたことはわかりました。それでは、抹茶についてはどうなのでしょうか。

先行研究（今井祐子「1878年パリ万博と日本陶磁器」）で、フランス人美術評論家フィリップ・ビュルティ（Philippe Burty, 1830-90）【図4-15】[21]が、「茶人たちの小さな飾

図4-15 フィリップ・ビュルティ（フランス国立図書館蔵）

りのない茶碗」を見せてもらい、「この習慣の手ほどき」を受けたことがわかっています。茶道(茶の湯)という言葉は記されていませんが、茶室で招待した客に抹茶を点てて茶碗について解説していたこともビュルティが記録していました(以下今井氏の訳に従う)*22。

> 粉末状になった茶を取り出し、それを小さな茶碗の1つに入れる。茶碗の土は茶の芳香を保ち、またそれを再生させる特性を持っているとみなされている。

ビュルティは、「茶室」ではなく単に「建物」と書いています。同様にイラストを中心に万博について解説した本『1878年パリ万博のイラスト』【図4-16】には、日本パビリオンに「竹の柵、小さな家、ミニチュアの池、さまざまな植物を配置した農園(la ferme)」があると紹介されています*23。「小さな家」が茶室のことでしょう。茶室の中は一般の人は入れず、招待された客のみに呈茶していたこともあり*24、フランス人は農家の小さな家と見ていたようです*25【図4-17】*26。

この茶室は茶道の文化を紹介するというよりも、ビュルティなどのような特別客の接待所、もしくは工芸品の解説をするための場としての機能が主だったようです。

図4-16 『1878年パリ万博のイラスト』の表紙(フランス国立図書館蔵)

図4-17 茶室外観(『イラストレイティッド・ロンドン・ニュース』個人蔵)

❖ ヨーロッパにはインド製法の紅茶を

　公式出品目録である『明治十一年仏国博覧会出品目録』に、出品物が優秀と認められた入賞者のリストが掲載されています。茶については、金牌を受賞した勧農局と三井物産以外に、京都府（松尾忠舗）、静岡県（尾崎伊兵衛）、石川県（円中孫平）、三重県（村山吉平）、山口県（西村熊吉）からの出品茶が入賞したこと記録されていますが、茶種については記載がありません*27。

　茶葉が展示されていた農業部の様子をうかがえる写真が、万博のアルバム『巴里府万国博覧会写真帖』にありました。勧農局の陳列場の一角が写っているのですが、ガラス瓶に入った様々なサンプルや生糸、動物の皮革などが並んでいます【図4-18】*28。この写真の左奥に見えるのが生糸の展示で、サンプルと共に製造工程を写真で示し、上の看板の「JAPON」の文字も生糸でつくられています。茶葉そのものは確認できませんが、パリ万博に一歩足を踏み入れたように感じられる一枚です。

　なお、公式報告書では輸出の可能性について以下のように分析しています*29（以下筆者要訳）。

図4-18　「勧農局出品陳列場」（『巴里府万国博覧会写真帖・日本部』宮内庁・図書寮文庫蔵）

ヨーロッパの人々はコーヒーを日常飲用しているが、近年は消化に良いといわれることからインド産および中国産の紅茶を用いるようになってきた。ロンドンでは多くの人が紅茶を飲用するようになったので廉価でなければ大量販売は難しい。パリでも紅茶の需要が増加傾向にあるといえども「贅沢品と考え中等以上の飲料」であり、販売量としては少ない。しかし、紅茶の需要は英仏だけではないので生産量を増やし価格を下げられるようにしていき、中国の製法をやめてインドの製法に倣うべきだ。

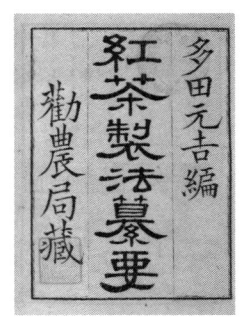

また、このパリ万博の年(1878)に、ウィーン万博直後に中国とインドに派遣された多田元吉がまとめた『紅茶製法纂要』を勧農局が刊行しています。この本で「印度茶の支那茶(中国茶)に勝り一層の強味を有する」と、インドの製茶法を解説しています【図4-19】*30。政府は、ヨーロッパに向けて紅茶生産をすすめるにあたり、インドの製法を採用すべきという意向だったようです。

図4-19 『紅茶製法纂要』の表紙(内閣公文書館蔵)

❖ セーヴル陶磁器美術館へ行った茶道具

フィラデルフィア万博(1876)では、サウス・ケンジントン博物館が日本の出品物を購入したことは述べました。そして、第3回パリ万博ではフランス製品との交換という形で、フランスのセーヴル陶器博物館(現・セーヴル国立陶磁器美術館)【図4-20】*31に茶道具を含む日本の古陶磁器が収められました。

第3回パリ万博の開催にあたり、フランス政府は日本に古美術品の展示を依頼しました。その収集の任に当たったのが、日本の博物局です。日本の古美術品の展示場には、博物局だけでなく起立工商会社と古美術商の蓑田長二郎も出品しています。そして、日本人だけでなく、フランス人収集家たちが自分たちのコレクションを出品しているのです。抹茶の点て方を茶室で見たフィリップ・ビュルティをはじめ、実業家エミール・ギメ(Émile

図4-20　セーヴル陶器博物館
（『ラ・モザイク』1875年）

図4-21　エミール・ギメの日本と中国の展示室
（『ル・モンド・イリュストレ』1878年11月16日付）

Guimet, 1836-1918）らの日本コレクションも展示されていました【図4-21】*32。フランスの日本ブームの様子が伝わってくるようです*33。

　セーヴル陶器博物館との交換品リストは万博事務局から博物局に引き継がれ、現在は東京国立博物館に保存されています。東京国立博物館によると、同博物館のコレクションとなった全69件中「茶陶」つまり茶道具は26件、花入が4件、それに加え茶事に用いる懐石用具（食器）もあるので、茶にまつわる陶磁器が全体の半数に及ぶことになります*34。

　その茶道具の中には、江戸時代の赤楽茶碗（伝本阿弥光悦作）や備前焼の水指、室町時代の瀬戸焼茶入、桃山時代の伊賀焼の耳付花入など、明治期の海外向けに華やかな色絵が施された作品とは趣を異にするものも入っています。左右対称でない形や備前や伊賀など自然釉の陶器は、西洋の真似でない日本独自の文化が育んだ美意識として、当時の美術関係者や知識人たちの心を摑んだようです。

　日本から贈られた陶磁器は69件ですが、セーヴル陶器博物館からの交換品は「瑠璃地金彩人物図壺」【図4-22】一対のみです。当時の価格で共に900円台となっています。伝本

図4-22　「瑠璃地金彩人物図壺」（東京国立博物館蔵　出典：ColBase）

阿弥光悦の赤楽茶碗は5円、室町時代の瀬戸焼茶入も5円でリストに示されています。明治8〜13年の官吏（明治の国家公務員）の平均月給が14円くらいですので、茶道具の評価額はまだ高くなかったようです。

❖ 万博ファンディング

　先に述べた『1878年パリ万博のイラスト』には、自由の女神の頭部が展示されていた様子も掲載されています【図4-23】*35。ニューヨークにある自由の女神像は、アメリカ合衆国独立100年（1876）を祝いフランスから寄贈されたものですが、制作資金を集めるためにフィラデルフィア万博（1876）で腕が展示され、第3回パリ万博では頭部が展示されていました（完成は1886年）。日本茶とは関係はありませんが、当時の万博の役割や時代背景がわかる話ですので紹介します。

　次のシカゴ万博（1893）では、自由の女神が贈られることになるアメリカに、抹茶、玉露、煎茶、紅茶を一般の人に呈茶する日本喫茶店が登場します。万博における茶業組合の活躍を見ていくことになるでしょう。

図4-23　パリ万博に展示された自由の女神

図　「1978年万博の宝くじ（ゲーム）」日本館は四角で強調（フランス国立図書館蔵）
Grande loterie de l'Exposition Universelle de 1878, Pellerin et Cie à Epinal, 1878.

第5章

シカゴ万国博覧会

World's Columbian Exposition

吉野亜湖

シカゴ万博会場の鳥瞰図（アメリカ議会図書館蔵）

会期	1893（明治26）年5月1日〜10月30日
開催地	アメリカ合衆国・イリノイ州シカゴ

——◇ 博覧会概要 ◇——

シカゴ万国博覧会は、コロンブスのアメリカ大陸発見400周年を記念して開催されました。英語の正式名から、「閣龍世界博覧会」「世界コロンビア博覧会」とも呼ばれています。

ミシガン湖畔の600エーカー（東京ドーム約52個分）以上の敷地に、46に及ぶ国々がパビリオンを建設して参加。来場者数は当時のアメリカ総人口の半数にあたる約2700万人に及び、19世紀の万博史上最大級の国家的イベントとなりました。「シカゴを変えた博覧会」と呼ばれるほど、鉄道、博物館や公園をはじめとした街のつくり、芸術や食文化に影響を与えました。

——◇ 見どころ ◇——

日本政府は、日本パビリオン「鳳凰殿」を建築して参加しました。鳳凰殿の中には茶室も含まれていました。シカゴ万博の出展には、後に『The Book of Tea（茶の本）』を著し、ボストン美術館東洋部長となる岡倉天心（1863-1913）が関わっています。

そして、この博覧会から日本茶の紹介は、政府から民間の茶業組合中央会議所（現・日本茶業中央会）の手に委ねられ、「日本喫茶店」が日本茶を広告宣伝する目的で登場します。この喫茶店で抹茶も茶道の点前で振る舞われました。つまり、多くのアメリカ人が茶道の点前を目にした初めての万博でもありました。意外に思われるかもしれませんが、万博における茶道の紹介は、茶道界からではなく、茶業界から発信されたのです。

❖ 鳳凰殿の中の茶室

図5-1 鳳凰殿（『The Hō-ō-den（Phoenix hall）』）

　シカゴ万博では、日本の代表的な建築物である平等院の鳳凰堂をモデルにした「鳳凰殿」が建築されました【図5-1】。英名は「フェニックス・ホール」（不死鳥殿）です。設計は、イギリス人建築家ジョサイア・コンドル（Josiah Conder, 1852-1920）の弟子、久留正道（くるまさみち）（1855-1914）が担当しています。実は、金閣寺も候補にあがっていましたが、最終的に鳳凰堂が選ばれました。

　海外の万博で鳳凰堂をモチーフとした大掛かりな建築物をつくるとは、スケールの大きさに驚かされます。大工や鳶（とび）、日本土木会社の技師を数十名送り込み建てたので、完成前からシカゴ中の評判となりました。大工たちの法被姿（はっぴすがた）や、鳶が足場を自在に駆け上がる様子、釘を用いない日本の伝統工法も珍しく、大きな話題となったのです*1【図5-2】。

　大正期に帝国ホテルの設計を手掛けたことで名高い建築家フランク・ロイド・ライト（Frank Lloyd Wright,

図5-2 鳳凰殿建築の様子（シカゴ歴史博物館蔵）

1867-1959）も、鳳凰殿の建築段階から現場に足繁く通った一人です*2。この体験が、ライトの後の建築デザインに大きな影響を及ぼしたことは広く知られています。

　この鳳凰殿は、アメリカ人にとって意表を突く特徴的な建物でした。左翼廊は「藤原時代」、右翼廊は「足利時代」、中央は「徳川時代」の建築様式に倣い、各時代の室礼（設え）を展示していました。それぞれ、現代で一般的にいう「平安時代」「室町時代」「江戸時代」にほぼあたります。鳳凰殿は、日本が歴史ある「東洋悠久の一大帝国」であることを世界に示す意図を持っていたのです*3。

　内装は、現在の東京芸術大学の前身にあたる東京美術学校、そして調度品は帝国博物館が担当していました。この時、岡倉天心（岡倉覚三）は、東京美術学校校長であり帝国博物館評議員であったので、双方に深く関わっていたと考えられます。それだけでなく、天心は万博の準備段階から臨時博覧会事務局評議員、会期中は万博事務局監査官の任にも就いていました。

図5-3 『The Hō-ō-den (Phoenix hall)』表紙

　鳳凰殿の英文解説書『The Hō-ō-den（Phoenix hall）』*4 は、天心自らの執筆です【図5-3】。この時、天心は満30歳。かの有名な『The Book of Tea（茶の本）』（1906）が刊行される7年前です。はたして、この解説書で天心はどのように世界に日本茶の文化を示したのでしょうか。

　「茶の湯」は「足利時代」を象徴する文化として紹介されました。天心は、「足利時代（解説書で1350～1550年としている）」の特徴は「禅と中国宋代の哲学の影響を受け、新しい芸術生活をはじめた時代」*5 としています（以下筆者訳）。

　　茶の湯（cha-no-yu, tea ceremonies）などの審美の実践は、この時代に属する。長い内戦に苦しめられてきた人々に、平穏な精神状態を取り戻す

　そして、日本文化の独自性は前代に根にあるが、「茶の湯」は、禅と宋代哲学に影響を受けて発展した「審美の実践」をする「新しい芸術生活」であると示したのです。注目したいのは、争いという行為から解放され、精神の平安を実現する行為としても茶の文化があったという点です。
　天心は、鳳凰殿の「足利時代」の部屋は、足利義政が建てた「銀閣寺」の一室にわずかな変更を加えて再現したと解説しています。「読書室（Library）」と「茶室（Tea room）」で構成され、「茶室」については以下のように解説していました。

　シンプリシティを「閑味」と訳出してみましたが、シンプル（簡素）な趣という意味で、いわゆる「わび、さび」とも表現できると思います。日本の禅文化を海外に紹介した鈴木大拙（1870-1966）も、「禅と茶道（the art of tea）の共通するところは、物事をシンプルにしようとすることだ」と、シンプル（simplification）という言葉を用いています*6。そして、天心は、このシンプルな美が花開いたのは、「禅と中国宋代の哲学」の影響だと指摘しました。
　フィラデルフィア万博（1876）や第3回パリ万博（1878）の公式解説書では、茶道が禅や宋代の哲学に影響を受けているとした解説はありませんでしたので、この万博から、というよりも、天心が関わってからの特徴といえます。
　実際に茶道具は、何がどのように展示されていたのでしょうか。『The Hō-ō-den（Phoenix hall）』の「茶室」の写真【図5-4】で確認してみましょう。違棚の上に天目台に乗せた茶碗、下には葉茶壺が飾られています。台子（棚）には、唐銅の皆具一式（風炉釜、水指、建水、杓立など）、天板には羽箒と香合、手前に炭斗が置かれているように見えます。「台子の道具類は、

茶の湯のために火を入れる直前の配置」と説明書きがある通りです。単に茶道具を羅列して展示するのではなく、使用過程の一端を見せるスタイルだったことがわかります。

　鳳凰殿の展示は、茶が日本人にとって飲み物としてあるだけでなく、高度な芸術的生活や

図5-4　鳳凰殿「足利時代」の茶室（『The Hō-ō-den』）

文化の創造と関わってきた歴史を、世界の人々に伝える内容であったといえます。

❖ 茶道と禅

　茶道における禅の影響をアメリカの人々に広く示したのは、この万博が初めてではなかったようです。シカゴ万博開催の1年前、1892年7月3日付『モーニング・コール』（サンフランシスコで最大の発行部数を占めていた新聞）に「茶の湯（cha-no-yu, tea ceremony）」の特集記事が組まれ、禅が「茶の湯」の文化に影響していることが紹介されています【図5-5】[7]。

　記事を書いたヘレン・グレゴリー（Helen Gregory, 1871-1947）は、ジャーナリストとして日本初の国会の取材のために日本を訪れ、日本の社会情勢について取材し、執筆を重ねていました[8]。

　この記事では日本茶の文化として「茶の湯」を取り上げ、禅宗の開祖とされる達磨禅師と、日本に中国の禅と茶の文化を伝えたとされる栄西禅師（1141-1215）の話から、時の権力者と

図5-5　1892年7月3日付『モーニング・コール』に掲載されたイラスト

茶人の関係（足利義政と珠光、豊臣秀吉と千利休）の歴史について述べ、茶事（茶会）の詳細や現状について記しています。

　日本に興味があるアメリカの読者に対して、茶道を記事にしたのは、当時の日本文化の軸に茶があると考えたからでしょう。

❖ 喫茶店で広告

　シカゴ万博より見られる大きな変化は、茶業組合中央会議所の参加です。これまでは政府が茶の広告宣伝も担当していたのが、シカゴ万博から茶業組合が喫茶店をつくり、日本茶を直接飲ませて広告宣伝するようになっていきます。

　実は、この時期にアメリカ茶市場に台頭してきたセイロン紅茶が喫茶店をつくって出展することを聞きつけていたため、日本茶業界も参加を決意せざるをえなかった事情もありました。

　喫茶店では、当時の主要輸出品である煎茶だけでなく、抹茶や玉露も振る舞われ、多くの外国人が初めて茶道の点前を目撃した場となったのです。そして強調したいことは、万博で茶道を紹介したのは、茶道界でなく茶業界であったということです。

❖ 日本喫茶店の概要

　日本喫茶店は、鳳凰殿の一角にあったのかと思いきや、橋を隔てた向かい側、水辺の景色が美しい場所（20×30m）を獲得していました。日本から「植木屋1名」を同行させ、アサガオやイソギクなどを植えて庭も整えていました[9]。写真【図5-6】[10]のように、水辺に面し、庭と一体になった開放感のあるつくりになっていて、初夏から初秋までの会期中、さぞかし心地よく茶を飲める場であったろうと想像します。

　全部で3棟からなる日本喫茶店は、鳳凰殿からすれば簡素なつくりながら、それぞれ趣の異なる純和風の建物でした。ヒノキ材を用いた書院造（御

図5-6　日本喫茶店（Japanese Tea Garden）

殿造）1棟と、屋根も壁も竹材を用いた平屋、そして湖面上に増築された1棟はあずま屋の風情です。

　宣伝目的のため非営利でしたが、抹茶席は50セント、玉露席は25セント、普通席（煎茶、紅茶）は10セントと三段階で入場料を徴収し、経費に充てていました。実は、茶業組合は喫茶店の出展にあたり、2万円の補助金申請をしたのですが、博覧会事務局からはその10分の1にあたる2千円の補助を得たに過ぎず、厳しい予算の中でのスタートだったのです*11。

　写真【図5-7】*12と地図【図5-8】*13で、鳳凰殿と日本喫茶店の位置を確認してみましょう。鳳凰殿と日本喫茶店の位置を丸で囲って写真と地図に示しました。

　地図を見ると、日本喫茶店の隣には三角屋根が目立つカフェ・マリン（café de la Marine）、裏手にスウェーデン・カフェ（Swedish Restaurant）などが並ぶ、飲食店区画にあったことがわかります。

　白黒写真だとわかりませんが、シカゴ万博に『国民新聞』の画報記者として渡米した久保田米僊（1852-1906）が描いた「鳳凰殿」（『閣龍世界博覧会美

図5-7 鳳凰殿と日本喫茶店（シカゴ美術館蔵）（丸と活字は引用者）

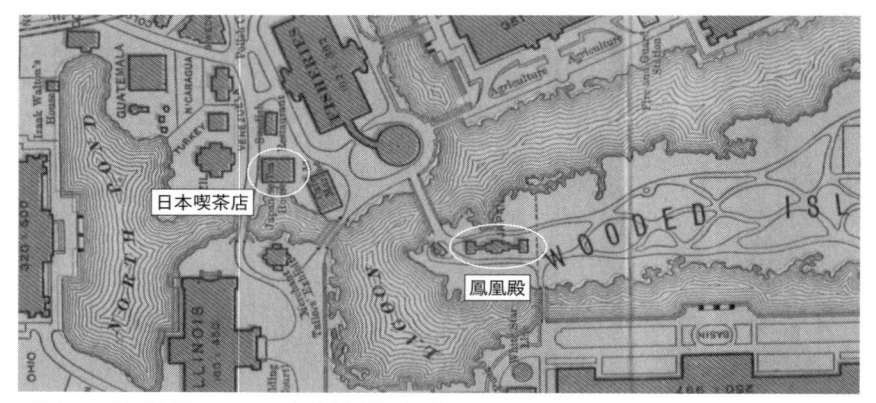

図5-8 シカゴ万博地図の一部（丸と活字は引用者）

術品画譜 第4集』）の屋根は赤茶色です[*14]。また、万博の写真集（『Picturesque world's fair』1894、口絵参照）でも、同じような色に彩色されていました[*15]。対して、日本喫茶店の抹茶席の屋根はグレーですが、普通席の屋根は青竹、つまり緑色で鮮やかだったと記録に残っています[*16]。白黒写真で見ていると想像もつきませんが、日本の建物は明るい色に彩られていたようです。

❖ 日本喫茶店は大人気

　西洋のカフェに囲まれた日本喫茶店は、「日本茶庭園 (Japanese Tea Garden) ほど魅力的なところは万博中探してもほぼない」と現地の人たちに称賛され、話題の的となりました[*17]。喫茶店の入場者は16万人に達し、「異

常な好況」であったと報告され
ています*18。

　どれほど日本喫茶店が人気
だったのか、『茶業報告』*19や
『静岡県茶業史』*20に記録され
た派遣員の生き生きとした報告
からうかがうことができます。

　日本喫茶店は3棟からなると
前述しましたが、実は、その体

図5-9　1棟増設される前の日本喫茶店

制になるまでは2棟しかなかったのです【図5-9】*21。オープンから1か月も
しないうちに一日の来客が1千人を上回り、このペースですと2千500人を
超えてくると考え、湖水に1棟増築したというわけです（7月末落成）。それで
も「シカゴ・デー」などイベントがある日は3千人を超え、1日15回も喫茶店
の門を閉じて入場制限を設けなければないほどの盛況ぶりだったそうで
す。

　当然ながらスタッフも当初のままでは手が回らず、「都踊り」のために来
ていた芸者衆や、外国人「少年2人、婦人1人」を雇い入れています。

　茶も1か月で足りなくなり、アメリカの茶商に頼めば「貧乏の吹聴」だと
考え、農業館に展示していた茶から調達するしかないとまで追い詰められ
ましたが、ギリギリになって日本から追加の茶が到着し、一件落着となりま
す。

　庭に「樹齢3百年」と書いた茶の木の鉢植えを飾ったそうですが、アメリ
カ人が珍しがって葉を食べてしまう、ということで「食うなかれ」と張り紙を
したとのほほえましい報告もありました。

　また、茶菓子用煎餅の焼き損じを捨てると、アメリカ人が拾って食べる
ので慌てて縄を張ったというのも、現地の関心の高さを示すエピソードでは
ないでしょうか。

　茶の販売ができなかったので、飲んだ茶を買いたいと言い出す人が続
出して困ったそうです。中にはキッチンにまでずんずん入ってきて、淹れ方

を学ぶ人もあったり、一度飲んで美味しかったので友人を連れてきたりと、「宣伝効果絶大」と報告されています。

❖ 喫茶店のお茶

喫茶店で出していた茶は、『茶業報告』に、「八王子（はちおうじ）」と「川根（かわね）」と「山城（やましろ）」の上質な煎茶をブレンドしたもので、非常に好評だったとあります[22]。「川根」は静岡県の茶の名産地、「山城」も京都府の良質な茶の産地として知られていました。「八王子」の茶とは、当時、狭山茶が八王子を経て横浜の輸出商の元に渡っていたことから、埼玉県の茶産地狭山の茶を指します。この経験から、日本人が美味しいと思うものを出せば通じる、と確信したようです。

アメリカ側の報告書にも「日本喫茶店（Japanese tea-house）で提供された茶はすばらしく上質だった」と印象的に記されています[23]。そして、以下のように続けています。「花に囲まれながら可憐な日本の陶磁器で茶を味わっていると、シカゴに居ながら日本に旅したように感じる」と。日本喫茶店に一歩足を踏み入れたアメリカ人は、日本茶を飲みながら日本という国の印象を形成していたのです。万博で日本茶と喫茶店が果たした役割は販路拡張にとどまらず、日本の理解を深める意味で予想以上の発信力を持っていたといえるのではないでしょうか。

❖ 抹茶席のようす

日本喫茶店の抹茶席は、薄茶の点前で振る舞われました。しかし、正式な茶会（茶事）は、招待した数名の客に向けて茶を点てますので、連続して来る大勢の客にどのように抹茶を出したのだろうかと疑問が生じます。大勢の客に抹茶を振る舞う茶会の形式（大寄せの茶会）の先駆的存在として知られる「大師会（だいしかい）」（益田孝が始めた茶会）ですら、この万博の3年後、1896（明治29）年から始まります。よって先例の少ない中、喫茶店という場でどのよ

図5-10　久保田米僊画「日本喫茶店」『閣龍世界博覧会美術品画譜　第3集』
（株式会社乃村工藝社蔵）

うに客をもてなしていたのか、近代茶道史を研究する立場としても気になり
ます。そして、初めて口にした抹茶に対する外国の人々の反応は、どうだっ
たのでしょうか。

　久保田米僊の画「日本喫茶店」【図5-10】[*24]は、抹茶席を描いたものです。
戸を外し、席中が見えるようになっています。点前は畳の上で、客は靴を
脱がず外の椅子に腰掛けるスタイル。なるほど、よく工夫されています。

　図5-10の茶道具を覗いてみましょう。台子（棚）に皆具（水指、杓立、建水、
蓋置が揃った茶道具一式）が見えます。鳳凰殿でも台子と皆具が展示されてい
ましたが、ここでは点前が目の前で行われ、抹茶を味わうことができたの
です。茶道では、台子と皆具の取り合わせは格式が高いとされています。

　そして、内装を撮影した写真【図5-11】[*25]から、台子に蒔絵（金で装飾）が
されていたことがわかりました。鳳凰殿では茶室の特徴として簡素（シンプル）
であることを謳っていましたが、こちらの抹茶席はどうでしょう。複数の飾り
棚に、香炉など数々の工芸品が並んでいます。壁には華やかな屏風絵、欄
間は黒縁で主張が強く、写っていませんが天井も彩色画で彩られていたそう
です。右に見える座布団も西陣織と、かなりカラフルな席だったのでしょう。

写真に写っている男性は、風貌から喫茶店の装飾品を担当していた東京の古美術商である佐野嘉七（か）と思われます。古美術商の性（さが）でしょうか、およそ簡素という言葉からは遠い装飾です。

日本側の記録ではどのように呈茶したのか詳細が残

図5-11　抹茶席内装

されていませんが、その様子は現地新聞『シカゴ・トリビューン』(1893年10月22日付)*26の万博内の喫茶店を特集した記事から追うことができます。記者の抹茶席体験談を要約してみましょう。

> 高貴な飲み物なら、日本の「セレモニアル・ティー（抹茶）」がある。凛とした日本人が、繊細な茶碗、紙ナプキンと菓子、土産用の小袋の茶を盆に乗せて目の前に置いた。そして、茶碗は釜の前に座っている亭主に預けられた。彼が竹匙で、壺から粉になった茶を一匙すくって茶碗に入れ、竹の柄杓で大匙5〜6杯程度の湯を注ぐ。それから非常に興味深い道具「茶筅」で混ぜ合わせ、上品な接客係が客前に出す。菓子を食べてから飲んだ。茶は泡立った緑の液体で薬を連想させたが、香り高く、味の奥深さは1杯2ドルいや4ドルの価値がある。幸福感と亭主への感謝の気持ちが沸き立ってきた。

記事中のイラスト【図5-12】を見ると、この時は男性が点前を担当したようです。記者が、抹茶のことを「セレモニアル・ティー」と書いているのは、茶席で碾茶（てんちゃ）（抹茶を臼で挽く前の茶葉）を臼で挽いて、抹茶を「礼式茶（セレモニアル・ティー）」として紹介していたからでしょう*27。また、英文の日本喫茶店の案内で、「普通席」を「コモン・ティー」、「玉露席」は「スペシャル・ティー」、「抹茶席」

を「セレモニアル・ティー」と記していた
ことも理由にあると思います*28。

　近年、抹茶はアメリカで人気となり、
「マッチャ」は英語になった日本語として
知られていますが、この万博では「セ
レモニアル・ティー」と紹介されていた
のです。

　当時のアメリカ人にとって、初めて見
た抹茶の緑色は不気味な色だったよう
です。南北戦争の従軍記者も務めた作

図5-12「抹茶席」（1893年10月22日付『シ
カゴ・トリビューン』に掲載されたイラスト）

家ベンジャミン・トルーマン (Benjamin Truman,1835-1916) も同じように、アメリ
カ人が「ぎょっとするほど緑色」だったと『万博の歴史』*29 に書いています。
トルーマンは、黄色味を帯びた素朴な薩摩焼の古い茶碗が、白い陶磁器
の最上級品より高価なものだということにも驚いていました。

　茶を点てていた方も気になります。作家のヘンリー・ノースロップ (Henry
Northrop, 1836-1909) が著した『シカゴ万博の100日間見聞録』には、お点
前をしていた「K.モリモト」夫人は、茶道 (tea ceremony) の有資格者で、ア
メリカに一時的に滞在している芸術家の妻で父親は政府高官、非常に上
品に振る舞い、大勢の人々に見つめられて頬を赤く染めていた、とありま
した*30。

　抹茶席では、日本茶の歴史や「ふくさ」「茶筅」などの茶道具についても
詳しく解説していたようで、ノースロップは「竹の茶杓は来歴によって60ドル
するものがある」と興味深そうに書いています。足利将軍の時代は庶民は
抹茶を飲めなかったことや、上手に点てるには修練が必要なこと、古ぼけ
て見える茶碗も300ドルするものがあることなど説明を受けたらしく、日本に
は高度な茶文化があることを伝えようとしていた努力が感じられます。

　今一度、**図5-12**の『シカゴ・トリビューン』のイラストを**図5-11**の写真と
見比べてみると、片手を上げた像や風炉の下の敷瓦もしっかり描かれてい
たことがわかります。しかし、喫茶店の台子に蒔絵が施されていたことは、

図5-11の写真からしかわからないことでした。

✤ 外国人は「抹茶」をどう受け取った？

抹茶はまだ輸出品目ではなかったのですが、スペイン国王女エウラリア・デ・ボルボーン(Eulalia de Borbón, 1864-1958) やハリソン大統領(Benjamin Harrison, 1833-1901)などの貴賓接待に使用され、日本茶のブランドイメージを上げるなどの役割も果たしたようです。もちろん、茶業界としては玉露と共に今後の輸出の可能性を探る商品でもあったことはいうまでもありません。会期中、喫茶店担当者が地元の茶商に評価を求め、アメリカでの販売の可能性について日本茶業組合中央会議所に報告しています。

ちなみに、スペイン国王女は抹茶を気に入って、飲み終わったとたん、「もう1杯ください」と所望し、3服も楽しまれたそうです。

各国の事務官を接待した際は、地元レストランで茶のコースメニューを振る舞い、そこで抹茶アイスクリームを富士山の形にしてもてなすなどの工夫もしています[31]。現在も宮中晩餐会のデザートに富士山型の抹茶アイスクリームが提供されているそうですが、外国で明治期から呈されていたとは万博史をひもといてはじめてわかりました。

✤ 煎茶をカップ&ソーサーで

煎茶は、外国人が飲みやすいように日本製のカップ&ソーサーで提供していました。客の求めに応じ、砂糖とミルクも提供されました。もちろん、「日本風」にストレートで楽しむ人たちも最初からいましたが、会期が進むごとにその割合は増えていったようです。それは、丁寧に日本風の飲み方を伝えていた成果だと思われます。甘い菓子を食べてから渋い茶を飲むと美味しいと、「日本風」の飲み方にはまって毎日通う人も出てきたり、「美味しかったから」と友人を誘って何度も来る人もいたと報告されています[32]。

喫茶店スタッフが着物姿で接客にあたったのも、喜ばれるポイントだった

ようです【図5-13】。万博に赴くにあたり、茶業組合は「喫茶店概則」*33を作り、どれひとつとして日本製でないものを持ち込まない、としていたのが功を奏したといえましょう。

普通席の入場料10セントは、当時の価値としてどうだったのでしょうか。中国村のカフェの茶はランクによって10 〜 25セントであったので、高価ということはなかったと思われます*34。一方、英領イン

図5-13　日本喫茶店普通席内装

ドは無料、英領セイロン（現スリランカ）の喫茶店は5セントと安く、両者ともミルクと砂糖を付けて提供していました。無料とすると日本茶の購買層として狙っていた中流階級以上の人々が来なくなるため、有料にして正解だった、と日本の報告書で分析されています*35。

❖ 外国の喫茶店

抹茶席のイラストを掲載した前述の『シカゴ・トリビューン』の喫茶店特集記事には、英領インド、英領セイロン、中国の喫茶店の様子も描かれています。

それぞれの国の雰囲気を楽しめるという点は、記者の共通した評価ですが、日本の抹茶席については特に力を入れてスペースも大きく割いています。各国喫茶店のイラスト【図5-14】を比較すると、茶道は日本の茶文化の独自性を際立たせる役割をしていたことがわかります。

万博は各茶産国の茶が一堂に会していたため、それぞれを比較できる場でもあったようです。『万博のアルバム』（1893）には、セイロン喫茶店はセイロン本館の近くの湖畔にあり、アメリカ人にとって旧知の「中国茶と日本茶と飲み比べる機会」となったと書いてあります*36。

前述の『茶業報告』（第11号）に、「インド喫茶店で、多くのアメリカ人がイ

図5-14 『シカゴ・トリビューン』(1893年10月22日付)の喫茶店特集記事のイラスト(左からインド喫茶店、セイロン喫茶店、中国喫茶店)

ンド紅茶の存在を知る機会となった」と、『タイムス』(1894年8月社説「インド茶対中国茶」)の記事が紹介されていました。この記者は、万博に来た多くの者が「初めてインド・セイロン紅茶の香気の佳良なるを会得した」と評価しています。

　中国茶(緑茶、紅茶)が席巻していたアメリカの茶市場に、1858年に締結された日米修好通商条約以降、日本茶が入ってきます。そして、1880年代前半の緑茶市場では、日本茶が中国茶の輸入量を上回りました。シカゴ万博(1893)の時は、インド・セイロン紅茶はまだアメリカ人にとって新参者だったのです。

　右は、シカゴ万博の写真集から集めたセイロン喫茶店【図5-15】[37]とインド喫茶店【図5-16】[38]、中国の喫茶店【図5-17】[39]です。比較してみると、日本の独自性が見えてきます。日本喫茶店には、他の喫茶店にはない附属庭園がありまし

図5-15　セイロン喫茶店

図5-16　インド喫茶店

図5-17　中国の喫茶店

た。アメリカ人が日本喫茶店に心惹かれたのは、茶室に露地（茶庭）があるように、美しい日本庭園が付属していたことも無縁ではないはずです。

その証拠に、この翌年サンフランシスコで開催されたカリフォルニア冬季国際博覧会（California

図5-18　現在のゴールデンゲートパークの日本喫茶店（2018年　筆者撮影）

Midwinter International Exposition, 1894）に、日本庭園の中に喫茶店を設けた「ジャパニーズ・ティー・ガーデン」がつくられます。この万博に日本の参加はありませんでしたが、アメリカ人が宮大工や庭師を招聘し、日本人スタッフを雇って経営していました。その人気から、会期後にサンフランシスコ市に寄贈され、運営を続けました。これは過去形ではなく、現在もサンフランシスコのゴールデンゲートパーク内にあり、日本庭園を楽しみながら日本茶を飲むことができる場となっています【図5-18】。

❖ もう一つの喫茶店

シカゴ万博にはもう一つ別な日本茶の喫茶店がありました。鳳凰殿と茶業組合の喫茶店から離れた娯楽エリアに、民間運営の「日本販売店（Japanese Bazzar）」がありました【図5-19】。こちらも予想以上の大盛況でしたので、販売店組合員の渡辺環（元紅茶製造者）らから、裏の空き地で「緑茶」と「烏龍茶」を出し、アイスティー、

図5-19　日本販売店（米議会図書館蔵）

アイスクリームなどを販売する営利目的の喫茶所をつくりたいと、日本の事務局に申請がありました。これに対し事務局は、販売店の雰囲気を向上させ、日本産の「紅茶」を出すことで対セイロン紅茶の広告になると考え、米国当局に許可を得て8月から営業を開始しています。もちろん茶業組合は好ましく思わなかったようですが（むしろ怒っていた）、売店の喫茶所も一日100ドルを超える売り上げとなり、大繁盛の内に幕を閉じました*40。

　日本茶のアイスティーがこの時代から海外で提供されていたのか！と驚きました。同時に、広い博覧会会場において日本茶は休憩の飲料（リフレッシュメント）としても存在していたこと、そして喫茶により買い物意欲が促進される面もあると考えられていたことがわかりました。

❖ 日本茶のインフルエンサー

　アイスティーや良質な日本茶を出していたことが功を奏したのか、万博土産と銘打った料理本『ホームクイーンの万博土産クックブック』(1893) のアイスティーのレシピの項に、買うべき美味しい茶は「最上級の日本茶」だ、とはっきり書かれていました*41。これは日本茶のPR本ではなく、万博の女性管理者委員会の理事たちの名も入った、全米セレブのレシピを2千種類も掲載した料理本です【図5-20】。

　特に、女性管理委員会の会長パーマー夫人 (Bertha Palmer, 1849-1918)) は、日本喫茶店を気に入り、万博期間中に広告塔の役割をしてくれていました。彼女が館長を務めた女性館内の児童館オープニング・セレモニーでは8百人の貴婦人を招待し、女性館内にセイロンのティールーム【図5-21】があったにも関わらず、日本

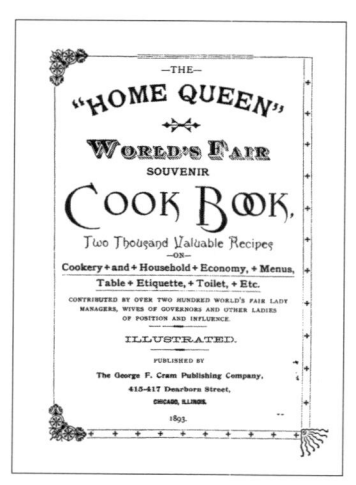

図5-20　『The Home Queen World's Fair Souvenir Cookbook』の表紙（1893年刊　イリノイ大学蔵）

茶を呈するように日本喫茶店に依頼したのです。スペイン国王女を日本喫茶店に案内したのも彼女です。アメリカ社交界の中心にいたパーマー夫人自ら、「茶にミルクや砂糖を入れないのが日本風です」と語っていたそうです。

図5-21　女性館内のセイロン喫茶店（イリノイ工科大学蔵）

　日本喫茶店の客層の8割が女性だったと報告[42]がありますので、茶を直接購入する主婦層が手にする料理本に、日本茶が推薦されたことはアメリカ人の食生活に大きな影響を与えたといえるでしょう。

❖ 不死鳥の庭

　「万博随一の関心を集めた」[43]と称された日本館「鳳凰殿」は、会期終了後にシカゴ市に寄贈されました。次のシカゴ万博（1933）では、同所に日本から「茶室」も贈呈され、日本茶と日本文化を楽しめる庭園として市民に長く愛されました。戦前期、シカゴ周辺に日本茶の愛好家が多かったのは、万博の影響も一因だと思います。

　この日本庭園は日本の真珠湾攻撃を機に閉鎖され、鳳凰殿は1946（昭和21）年に放火で焼失してしまいました。しかし、不死鳥の名の通り、戦後になって日本庭園「ガーデン・オブ・ザ・フェニックス」として復活しました（ジャクソン・パーク内）。鳳凰殿は再建されていませんが、この庭園の由来を解説した看板に鳳凰殿が描かれ、シカゴ市民にその歴史と共に親しまれています。

　また、ビートルズのジョン・レノンの妻としても知られる芸術家のオノ・ヨーコが、この庭園を日米の平和と友好の象徴の地として考え、「SKYLANDING」という作品を展示していることでも知られています。

図5-22　現在の日本庭園「ガーデン・オブ・ザ・フェニックス」の様子（筆者撮影　2019年）

　写真【図5-22】は筆者がガーデン・オブ・ザ・フェニックスを訪問した時に写したものですが、後ろにはシカゴ万博で美術館として使用されていた建物（現在はシカゴ科学産業博物館）が見えます。シカゴ万博跡地は、公園（ジャクソン・パーク）となり長年市民に親しまれ、維持されてきたので、シカゴ市民の中に「シカゴ万博はまだ終わっていない」という人がいるのもうなずけます。

―――――❦ コラム ❦―――――

シカゴ万博の入賞茶

　お茶好きの方であれば、茶農家や茶業関連の施設で、シカゴ万博の賞状をご覧になったことがあるかもしれません【図5-23】。シカゴ万博では、日本茶が180点出品され*44、そのうち122点もの茶が「優秀な出品物」として高い評価を受け、入賞を果たしました。

　1894（明治27）年4月10日付の官報*45に掲載されたシカゴ万博の入賞茶の報告から表〔**都道府県別　入賞茶の茶種一覧**〕（次頁）を作成してみました。全入賞茶数122点の内、静岡県がトップで4割以上を占めています。

　静岡県の茶種で最も多い「籠燥茶」とは、輸出用の上級品です。緑茶

図5-23　シカゴ万博入賞茶の賞状（殿岡家文書）

表〔都道府県別　入賞茶の茶種一覧〕

都道府県名	茶種	出品数	都道府県名	茶種	出品数
静岡県	籠燥茶	38	高知県	**紅茶**	1
	鍋燥茶	13		**烏龍茶**	1
	烏龍茶	1	滋賀県	鍋燥茶	2
京都府	鍋燥茶	17	三重県	籠燥茶	1
	玉露	4		鍋燥茶	1
埼玉県	籠燥茶	16	熊本県	**紅茶**	1
千葉県	籠燥茶	3		緑茶	1
	鍋燥茶	3	福岡県	**紅茶**	1
新潟県	籠燥茶	2	宮崎県	緑茶	1
	鍋燥茶	1	大阪府	鍋燥茶	1
神奈川県	籠燥茶	2	兵庫県	鍋燥茶	1
	鍋燥茶	1	福井県	鍋燥茶	1
奈良県	鍋燥茶	3	長崎県	**紅茶**	1
岐阜県	鍋燥茶	3	東京都	**紅茶**	1

（緑茶以外は太字で示した）

の仕上げ乾燥の際、籠の下に炭火を置いて行うため「バスケット・ファイヤード」と呼ばれていました。

　京都の入賞茶は国内向けの上級茶「玉露」と、外国向けの中下級茶にあたる「鍋燥茶」です。鍋燥茶は鉄鍋を使用し、直火で再乾燥を行った緑茶のことで、「パン・ファイヤード」ともいいます。

　当時の輸出茶ラベル（蘭字）では「煎茶」という言葉は用いられず、「バスケット・ファイヤード」「パン・ファイヤード」などと表記されて輸出されていました【図5-24】。この2種の茶こそ当時の主力輸出品でした。

図5-24　蘭字（BASKET FIRED, PAN FIRED）が表記された輸出茶ラベル（フェルケール博物館蔵）

　万博の報告書『臨時博覧会事務局報告』で価格が安いことは訴求効果があると分析していますが、1890（明治23）年の北米への輸出量は、パン・ファイヤードが約１万３千トンに対しバスケット・ファイヤードは約３千トンと、価格の安い中下級品の方が圧倒的に需要が多かったようです*46。

　紅茶は、九州と四国（高知県）、東京からの出品茶が入賞しています。審査員の一人で茶業組合中央会議所から派遣された駒田彦之丞（三重県の茶商）が『茶業報告』*47に、紅茶審査の様子を報告しています。（以下筆者要訳）

> 紅茶は日本茶にあらず。もともと中国茶の模造品なので中国紅茶との比較で見なくてはならないのだが、「日本には日本の紅茶なるもの」があるので、その中で善品を選ぶことになった。残念だったのは、日本の出品紅茶が新茶ではなく「ひね茶」（古い茶）であったことである。博覧会では他と比較して進歩がみられるものに賞与を与えるため、売れ筋の茶を出すのではなく、真の善良な茶を出品することが重要である。インドはさすが英国の指示で、商業用の見本茶としては疑問ではあるが、高価な良品を出品してきた。

　「日本には日本の紅茶なるものがある」とは、世界で標準となっていた中国製と異なる特徴のある茶だったのかと想像します。

　烏龍茶の入賞２点は、静岡県の「静岡県烏龍茶総合所（Shizuoka-ken Oolong Union）」と高知県の「土佐製茶組合」が出品した茶でした。静岡県では、1888（明治21）年に紅茶及烏龍茶伝習所が設立されると、他県からも580名を超える有志が学びに来て盛り上がりをみせました。翌年には県内の森町に日本烏龍紅茶会社が設立されるなど、シカゴ万博（1893）が開催される前は生産量が増加していた時期です（県内の烏龍茶生産は1906 年に激減し途絶える）*48。

　万博事務局は、広大な館内で「視線注意を引く」ために、各出品物の「標準量」を定めました。茶は一種につき50斤（30キロ）以上とし、茶箱１箱に

50 〜 60斤を詰めるよう指示しています。その他の容器を用いる場合も茶箱に入れて送るように求め、茶箱の仕様は内側にブリキを貼り、外箱は厚さ6 〜 7分の松材を用い、そのままディスプレイできるように最善良の貼紙を用いる、としています。さらに、箱は「アンペラ」(茶箱用のむしろ)で包み藤紐を用いて縛る、箱やその他の器の形や装飾は各自のデザインで良いと示しました[49]。

　図5-25の茶箱は、輸出用の仕様です。このような状態で出品、展示されていたと考えられます。

図5-25　ラベルの貼られた茶箱(上／個人蔵)とアンペラで包まれた茶箱(下／農研機構蔵)

〔参考文献〕『静岡県茶業史』静岡県茶業組合連合会議所 (1926) p. 741-757.

第6章

セントルイス万国博覧会

Louisiana Purchase Exposition

吉野亜湖

図　セントルイス万博の会場鳥瞰図（ミズーリ歴史博物館蔵）

会期	1904（明治37）年4月30日〜12月1日
開催地	アメリカ合衆国・ミズーリ州セントルイス

──◆ 博覧会概要 ◆──

アメリカ合衆国が、フランス領であったルイジアナを買収してから100周年を記念して開催されました。敷地面積が先のフィラデルフィア万博 (1876) の4倍、シカゴ万博 (1893) の2倍という史上最大級の万博となり、60か国が参加、会期中の来場者は2千万人弱に及びました。万博の付属大会としてセントルイス・オリンピックも開催されています。

──◆ 見どころ ◆──

セントルイス万博では日本パビリオンの敷地内に日本喫茶店と、1895 (明治28) 年に日本の統治国となった台湾の喫茶店も建築されました。茶器陳列所も喫茶店に付属した形で設けられています。

抹茶席ではアメリカ人も正座し、作法に則って飲むなど茶道の体験をする場に変化しました。

当時、アメリカに滞在中だった岡倉天心が講演に招聘され、好評を博したのもこの万博です。

そして「博覧会キング」と呼ばれた興行師の櫛引弓人 (1859-1924) が娯楽エリアに日本村をつくり、喫茶店などを設け人気を集めました。

✛ 日本パビリオン

　セントルイス万博の開催にあたり、駐日米国公使は「アメリカとしては今回の万国博にて日本が中心的な役目」を果たしてくれることを望み、フランクリン・ルーズベルト大統領（Franklin Roosevelt, 1882-1945）も期待していると日本政府に伝えたそうです[1]。日露戦争の勃発と重なった年ではありましたが、日本はパビリオンを設けて参加しました。

　1904（明治37）年セントルイス万博の平面図【図6-1】で、四角で囲んだ所が日本パビリオン（日本館）です。機械館の南西、観覧車の東隣という、なかなか良い場所を確保したように見えます。約5千230平方メートルの敷地内に、本館、事務所、眺望亭、四阿（あずまや）、売店、吉野庵（渡航奨励倶楽部）、そして金閣寺を模した「金閣喫茶店」（茶器陳列所含む）、台湾館（喫茶店を含む）が建てられ、門に「日本庭園」と掲示を掲げていました。庭の石燈籠の一つには「利休形」もあったようです[2]。

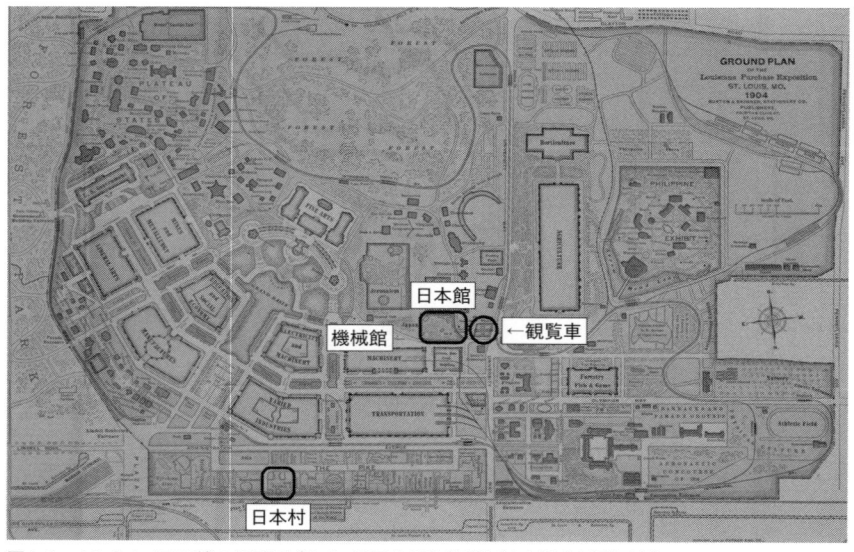

図6-1　セントルイス万博の平面図（ミズーリ歴史博物館蔵）（丸と活字は引用者）

平面図【図6-1】の日本パビリオンから見て左下の四角で囲んだ場所が、娯楽エリア（PIKE）内の「日本村（フェア・ジャパン）」です。こちらは政府ではなく、櫛引弓人の運営になります。

日本パビリオンの平面図【図6-2】*3を見ると、日本庭園の門を入ってすぐ左手に台湾喫茶店があり、その奥に日本喫茶店「金閣喫茶店」が庭園をのぞむように建築されたことがわかります。

一方、アメリカの公式報告書に掲載された日本パビリオン全景写真【図6-3】*4では、両喫茶店の間には高い木が植えられ、それぞれの区画が分けられていた様子が確認できます。台湾喫茶店の建築にあたって日本の万博事務局から出された「命令書」には、日本内地喫茶店と「区別を明確に」することが指示されていました*5。

台湾喫茶店については附章で詳細を述べますが、全景写真【図6-3】をよく見ると1階屋根の下に「OOLONG TEA」（烏龍茶）と看板で示されているのがわかりました（拡大写真は附章189頁参照）。台湾喫茶店と区別し、金閣喫茶店では緑茶を中心に展開していたようです*6。

ドローンもなかった時代に、日本パビリオンの全

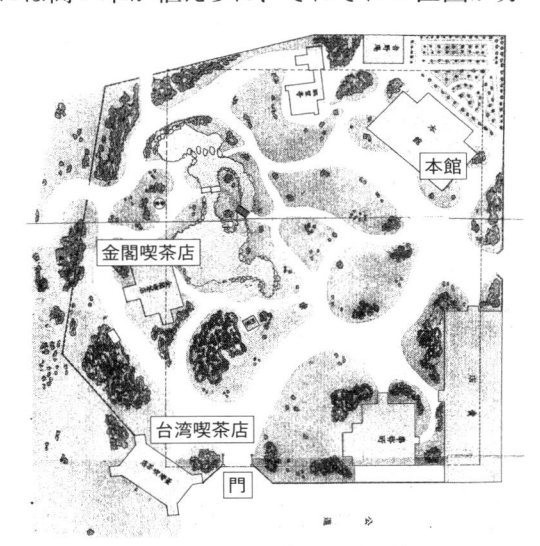

図6-2　日本パビリオン平面図（活字は引用者）

図6-3　日本パビリオン全景写真（矢印と活字は引用者）

景をどのように撮ったのか疑問でしたが、「観覧車から撮影」[*7]とのタイトルから解明しました。**図6-1**の平面図でわかるように、観覧車**【図6-4】**[*8]が日本パビリオンの隣にあったので、可能だったのです。

❖ 金閣喫茶店と茶器陳列所

位置が確認できたところで、公式報告書の「日本喫茶店目論見書」[*9]から金閣喫茶店の内容について見ていきましょう。金閣喫茶店は、その名の通り金閣寺を模した3階建ての建物**【図6-5】**で、最上階には炉が切られ**【図6-6】**、茶室としての機能が備わっていました。そして平屋が1棟付属していました。

世界的な茶の大著『ALL ABOUT TEA』(1935) を出版したウイリアム・ユーカース

図6-4　日本パビリオンに隣接して設けられた観覧車

図6-5　金閣喫茶店（ミズーリ歴史博物館蔵）

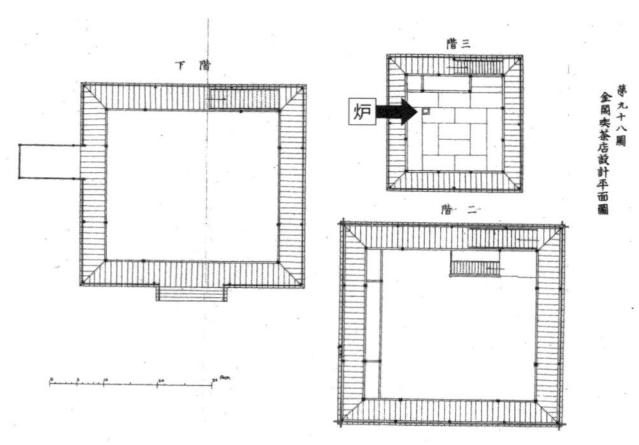

図6-6　金閣喫茶店設計平面図（『聖路易万国博覧会本邦参同事業報告』国立国会図書館蔵）（活字と矢印は引用者）

(William Ukers, 1873-1945) は、主筆を務める茶と珈琲の専門誌『Tea & Coffee Trade Journal』で、「この万博では四大茶産国（日本、中国、インド、セイロン）が茶を大きく取り上げており、中でも群を抜いていたのが日本喫茶店である」*10 と評しています。

　金閣喫茶店の目的は、茶業組合中央会議所の管轄下で日本産の「紅茶、緑茶、抹茶」の真味を周知し、茶器陳列所で茶と茶器を展示販売することでした。また、ルーズベルト大統領の訪問時など貴賓接待の場としても活用されています*11。給仕人は日本から男女十数名を渡航させ、「抹茶式」「煎茶式」に加え、「活花」や盆栽、日本の絵画の高尚で優美な技術を来客に示す役割も担っていました。

　喫茶料は4等に分け、1等1ドル、2等50セント、3等25セント、4等10セントを徴収していたようです。喫茶店での「緑茶喫飲者」は、16万1千634人に達したと報告されています*12。

　飲用と配布用の茶（紅茶・緑茶・抹茶）は茶業組合中央会議所の寄贈で、全ての席に菓子も付けていました。公式報告書に、無料配布したのは静岡茶約4万5千袋、京都茶約5千袋と、静岡茶の多さが目立ちます。

　配布茶の量からも、1899（明治32）年に静岡県の清水港が貿易港として開港し、徐々に輸出茶の中心が静岡になっていく様子がうかがえます。実際、静岡県は茶業組合中央会議所からの地方補助金（7千680円）だけでは宣伝効果が低いと考え、県独自の出品補助金（9千680円）を出し、人員を派遣して、農業館の静岡茶陳列品について解説をさせ、絵葉書なども付けて見本茶の無料配布をしていました。その他、見込みのある団体等にも配送し、最終的に1袋10銭程度の茶（12匁入）を12万袋ほど配布したと報告されています。配布後の反応として、茶業組合中央会議所の海外出張所（シカゴ、ニューヨーク、セントルイス）に、無料配布茶の購入方法の問い合わせが増えたため、万博での宣伝効果があったと評価されていました*13。

　シカゴ万博（1893）と比べて異なるのは、必要に応じて「日本特別茶式料理」を提供していたことです。そして、併設された茶器陳列所で茶器と茶の販売も行っていました。「売店」との競合がないように制限されてはいま

したが、販売額は7千545円に達したと報告されています。

　また興味深いのは、客が求めれば「牛乳・砂糖・氷」を供す、とする指示がはじめからあったことです。1898（明治31）年にアメリカで開催されたオマハ万博に設けた日本喫茶店では「牛乳又は『クリーム』を用いず、已むを得ざる場合には砂糖の小片を供し」[14]と日本式で提供することを強調していたのに対し、現地の嗜好に対応しようとする姿勢へと変化しています。（緑茶のアイスティーは、オマハ万博でもアメリカ人がアイスティーを好むことを理解し提供していました。）

　『セントルイス・グローブ』（1904年9月1日付）に「アメリカ人の茶の嗜好」とタイトルされた新聞記事がありました[15]。万博の喫茶店では「お人形のようなかわいい茶娘（ティーガール）」が供する熱い茶を飲むが、「彼女たちをしても暑中アイスティーを好むアメリカ人に熱い茶を根付かせることはできないだろう」との内容です。記事につけられたイラスト【図6-7】では、アームレストに肘を置き、足を組んでいる典型的なアメリカ人に、湯気のあがった熱い茶が運ばれてくるようすが描かれています。

　喫茶の方は外国人の嗜好に柔軟に対応する戦略をとっていましたが、茶道の紹介は本式を伝えようとする方向に変わってきたので、後段で見ていきましょう。

図6-7　「アメリカ人の茶の嗜好」のイラスト（『セントルイス・グローブ』1904年9月1日付）

❖ ヘレン・ケラーと日本茶

　茶道について語る前に、意外な人物と日本茶の関わりについてご紹介します。

　ヘレン・ケラー（Helen Keller, 1880-1968）が、セントルイス万博の日本喫茶店で茶を飲んだ時の回顧が『日米新聞』（1915年4月7日付）に、美談として報道されていました。（以下筆者現代語訳）

茶寮女を務めていた日本婦人がヘレン・ケラーに深く同情し、付き添いの医者に向かって「私は目が見えるのに才が足りません、どうかできることなら私のこの眼を切り取って聡明なケラーさんの眼に付けて見えるようにしてあげてください」と真剣に涙を浮かべてうったえた。しかし、できることではなかったので深く謝り去った。

図6-8　ヘレン・ケラー16歳の時の肖像（1904年撮影　アメリカ盲人協会蔵）

　ヘレン・ケラーは、この時16歳でした【図6-8】。その後、1937（昭和12）年から3度来日して講演活動や福祉活動を行っていますが、万博でも茶を通して日本との交流があったことがわかりました。

❖ 坂東玉三郎と喫茶店

　そして、この万博の喫茶店に歌舞伎役者の三代目坂東玉三郎（1889年襲名）が雇われていたことがわかりました。彼女は坂東玉三郎を襲名した唯一の女性です。喫茶店担当者として茶業組合中央会議所から派遣された山口鉄之助（やまぐちてつのすけ）と「茶の湯師匠」らと同船し渡米しています[*16]。

　でもなぜ、玉三郎が喫茶店に雇われたのでしょうか。金閣喫茶店では前述の通り特別客には料理を出したり、余興として音楽や日本舞踊を披露していたので、玉三郎は舞を披露していたと考えられます。

　会期中の7月13日に、報道陣ら28名に金閣喫茶店2階で茶式料理が振る舞われた時のことが「箸のディナー」として、新聞『セントルイス・ディスパッチ』に報道されていました。メニューを見ると、食事のしめに「緑茶シャーベット」と日本茶が出されています。この時の余興は、喫茶店担当者の山口鉄之助が「茶畑」をテーマに作曲した曲にのせたパフォーマンスだったようです。食後に茶道体験があり、一連のもてなしを終えています[*17]。

　万博後に玉三郎は演劇視察のためにニューヨークに向かい、その地で

急死してしまいます。姉の「みき」が骨を抱えて帰国したとの悲報が1905年1月1日付の『大和新聞』に掲載されていました。多くの者が「半開の名花を散らした」と涙を流して悲しんだということです*18。

❖ スペインの宮廷より厳しい作法

いよいよセントルイス万博に展開された茶道について見ていきましょう。金閣喫茶店の抹茶席は3階に設けられていました。**図6-9**の写真から、シカゴ万博(1893)と同様に台子を設え、唐金の皆具で点前していたことが見て取れます。右の奥には炭斗が置かれ

図6-9　金閣喫茶店の抹茶席 (ミズーリ歴史博物館蔵)

ているようですので、釜の熱源は炭だったのでしょう。

先のシカゴ万博では客は屋外で椅子に座っていましたが、今回はどのような席だったのでしょうか。抹茶席を体験した新聞記者の記事「日本区の茶道」【**図6-10**】に詳しいので、以下に要約します。同じ記事が1904年10〜12月にかけて全米の複数の新聞に繰り返し掲載されたため、多くのアメリカ人が茶道についての知識を得たといえます*19。(以下筆者現代語訳)

図6-10　「日本区の茶道」1904年10月18日付の記事 (一部)

> 茶道は、上流階級の間でのみ行われる独特の儀式で現代まで伝えられてきた。茶に通じた有名な骨董商のK. 佐野氏は、東京の教室で教えている若い女性「あべ・みね嬢」を連れて来た。桜の紋様の着物に刺しゅうの帯を身に着け、膝をついて座っている姿は生人形に見えた。茶道は良家の女子が亭主として振る舞うために複雑な作法を習うもので、礼法はスペインの宮廷と同等、もしくはそれ以上に厳しい。アメリカ人にとって最も困難なのは1時間以上も膝をついた状態で座ることで、日本人とは解剖学上異なるのではないかと思わずにいられない。

　客には厚手の座布団が用意されていたようですが、それでも正座が辛かったことが伝わってきます。そして、「客は5名以下と決められている」と教えられ、一番先に座る客（正客）と最後に座る客（詰）の役割が違うことも体験したようです。点前の様子も描写されていました。

> 定型の挨拶を交わした後、あべ嬢は美しい薩摩の茶碗で茶を点て始めた。竹の泡立て器をすすぎ、腰に付けた真紅のハンカチ（帛紗）を畳んで道具を拭いた。高価な七宝の器から緑色の粉を2匙入れ、釜の湯を柄杓で注ぎ、小さな竹の泡立て器で勢いよく泡立てた。

　この記述から、薄茶が振る舞われたのだとわかりました。また、骨董屋の「K.佐野」とは、新聞の写真（袴をつけた男性の容貌）からもシカゴ万博（1893）で抹茶席を担当した佐野嘉七のことだと思われます。前述した山口鉄之助もシカゴ万博の喫茶店を担当していますので、経験者で固めた布陣です。
　図6-10の記事は元々、**図6-11**（『セントルイス・グローブ・デモクラット』1904年8月21日付[20]）のダイジェスト版だったようです。元の記事では、もっと細かに解説されていて、手をついてお辞儀をする写真もありました。床に手をつけるのはアメリカ人にとって不思議な所作だった、と書いています。そして、元の記事には「3口半で飲む」などの作法や点前の手順がより詳しく書いてあるほか、薄茶の味についても感想がありました。（以下筆者要約）

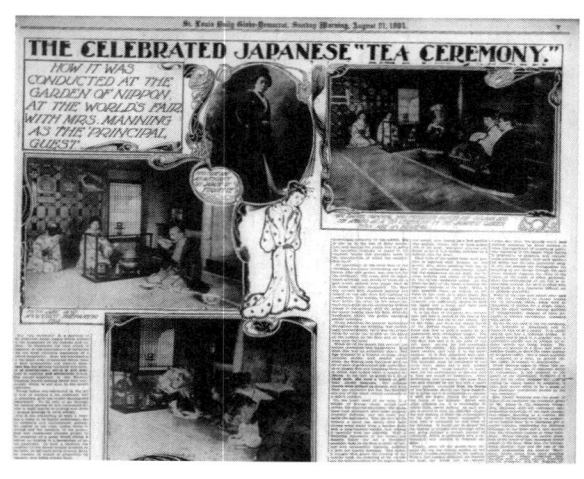

> 茶道用の茶は、アメリカ人が知らない1ポンドあたり5ドルする最高級品である。コーヒーのように粉末状にするため、茶葉を石臼で粉に挽く。砂糖やクリームを使わずに飲むこの高価な茶は、愛好家には絶妙な風味というが、初心者の舌には合わない。

　しかし、記者は美味しい物を飲みにきたのではなく、茶道を体験することが目的だったので十分満足したと述べています。ダイジェスト版【図6-10】では茶道を中心とした内容にまとめられ、全米各紙に拡散されていました。これは、アメリカ人の関心が抹茶自体よりも茶道に注がれたことを示しているのではないでしょうか。

❖ 一杯から平和を

　別の新聞『セントルイス・ポスト・ディスパッチ』（1904年7月17日付）では、茶道体験をした記者が以下のように感銘を受けていました。（以下筆者要訳）

> 茶席には優しさと平和が満ちており、初体験したアメリカ人にとって聖

礼典のような荘厳さを感じるほどだった。略奪や怒りから無縁で、誠実で思いやりに満ちた穏やかな状態で、心静かに茶を飲む。そこにはアメリカにも持ち込まれることを望まずにはいられないほどの「何か」がある。我々もとめどなく自己主張をして口論する前に、茶を飲みながら人間の善良さについて考えることができるはずだ。日本茶はアメリカの問題を解決する「溶媒」になるだろう。

　最後に、日米貿易について「日本は、アメリカから無煙火薬（ガンパウダー）を輸入しているが、その対価としてアメリカに日本の人道的な習慣を輸出すべきではないか」とウィットにとんだ表現をしています。「ガンパウダー」とは、火薬のように丸まった緑茶の名称でもありますので、これも茶にかけているのかもしれません。この記事は、茶道が世界で役に立つことがあるのだと再認識させてくれます。

　また、同年12月の『セントルイス・リパブリック』【図6-12】*21 など、日本の上流階級の女性は学校で茶道や生け花の教育を受けるという記事が、アメリカの新聞報道に散見されるようになりました。1900年代には日本の女性教育に茶道が取り入れられており、茶道を身に着けた日本女性たちが万博など海外でも活躍していたのです。

図6-12　『セントルイス・リパブリック』1904年12月18日付の記事（一部）

❖ 岡倉天心の講演

　岡倉天心は、万博会期中に開催された万国学術会議で「絵画における近代の諸問題（Modern Problems in Painting）」と題された講演を行いました。

実は予定されていたルーヴル美術館館長が欠席となったため、アメリカにいた天心に急遽、白羽の矢が立ったのです。公式に日本から派遣された3名の学者(箕作佳吉、穂積陳重、北里柴三郎)の講演よりも好評を博し、一躍、天心の名を全米に知らしめた講演となったといわれています*22。

　この講演の内容は、東洋が近代化つまり西洋の真似をすることが進歩なのか、と疑問を呈し、東洋の深い人生哲学と美の崇拝について理解して欲しい、と西洋人に訴えたものでした。真の芸術は真似ではなく独自性にこそあり、鑑賞する側の客と作者(作品)が一緒になって完成していくもので、「茶の湯」こそ主客による「共感の芸術」が実践されている場だと述べたのです。この2年後に出版される『茶の本』(1906)のベースになる主張がこの万博で行われていました*23。

❖ 農業館の中の茶道

　農業館の中にも茶道が展開されていました。日本区の中央に2畳程の「御殿風家屋」を建て、台子で「茶の湯の式」をする三代目永徳斎(山本保次郎、1865-1941)作の等身大人形2体を展示していたのです*24。人形を中心に据え、その周りに「飾り茶壺」に茶銘を書き入れ、前にはガラス瓶に入れた茶葉を陳列していました【図6-13】。これを見た現地新聞は「茶は日本農産物の王なり」と、中心に配置されていたことを強調して報道したと公式報告書にあります*25。

　また公式報告書に、農業館の展示物は万博終了後にフィラデルフィア商業博物館に寄贈された*26とあり、人形も共に収められた可能性

図6-13　農業館の茶の展示(『日本茶業史』口絵より)

が高いと考えられますが、すでにこの博物館は閉館しており詳細はつかめていません。永徳斎は、後に同博物館に雇われ、1907年から20年間、展示用の人形制作に従事していました*27。この万博が縁になっていることは間違いないでしょう。

　農業館内日本区平面図【図6-14】*28を見ると、中央の茶の湯人形のディスプレイの他にも「茶」が展示されていたことがわかります。喫茶店の日本茶と同様に、出品茶も茶業組合中央会議所に費用も含め一任されていました。英文の公式出品目録から17社からの出品があり、茶種は「玉露」を含め「緑茶」と「紅茶」そして「磚茶（たんちゃ・せんちゃ、Brick Tea）」だったことがわかりました*29。台湾からは「烏龍茶」と「包種茶」の出品がみられましたが、紅茶はありませんでした。

　すでに1800年代末にはアメリカ市場で中国緑茶のシェアを追い越した日本緑茶でしたが、インド・セイロン紅茶の台頭に伴い、対米貿易に危機

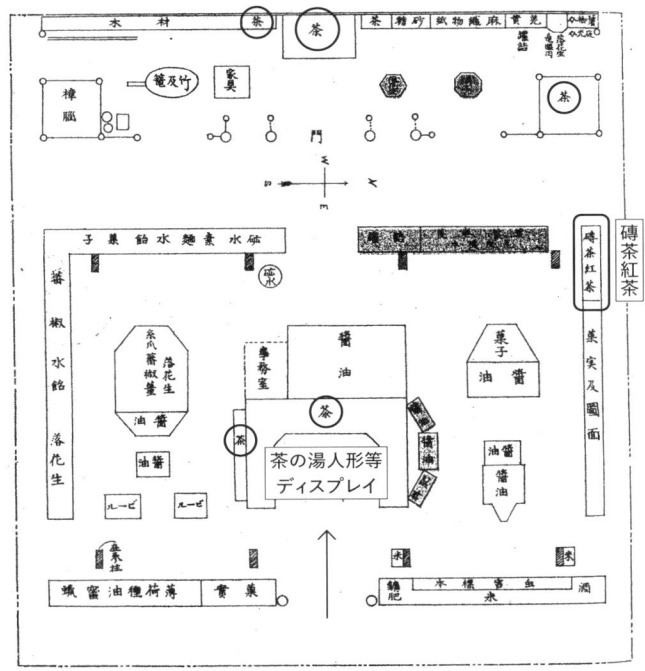

図6-14　農業館内日本区平面図（丸と活字は引用者）（『聖路易万国博覧会本邦参同事業報告第2篇』国立国会図書館蔵）

感を持つようになってきた時期です。アメリカ以外の輸出先も模索し、磚茶の生産に力を入れていた動きが万博の出品にも反映されています。

❖ 日本村の喫茶店

娯楽エリア「パイク」にあった日本村（フェア・ジャパン）は、興行師の櫛引弓人が運営していました。櫛引は、1901（明治34）年のパン・アメリカン博覧会でも娯楽施設を催すなど様々な万博で活躍し、名を馳せていました。パイクのパンフレット*30には、日本村が以下のように紹介されています。（以下筆者要訳）

> 「パイクで最も美しいエントランス」といえる門は、日光東照宮を写したものだ。中に入ると50人ほどの「芸者」たちの歌や踊り、その他様々なショーが楽しめる。東京の皇居庭園を模した庭に、モダンな喫茶店（ティーハウス）も備わっている。

万博の公式写真集*31にはパイク随一と謳われた門【図6-15】と、「この博覧会で最も絵になる人々」として「芸者」【図6-16】の写真が掲載されており、現地で話題だったことがうかがえます。

しかし、櫛引の喫茶店【図6-17】があったため、日本パビリオン内に喫茶

図6-15　日本村の門

図6-16　日本村の庭と芸者

店を開設できなくなる事態もあり得たのです。セントルイス万博の博覧会会社は、日本政府よりも先に櫛引と契約を結び、日本に関する喫茶店・売店・諸興行の営業権一切を与えていました。そのため日本パビリオン内に喫茶店を設置することが拒否され、日本政府は博覧会会社と度重なる交渉を余儀な

図6-17　喫茶店が併設された日本村のレストラン（ミズーリ歴史博物館蔵）

くされました。結局、喫茶店の「入場料」を徴収しないこと、「芸妓・酌婦等」に給仕させないことなどの制限がかけられましたが、日本パビリオン内の喫茶店は営業でなく宣伝であることを主張し、博覧会会社に売上の1割5分の税金を納めることで決着がつきました[*32]。

　茶業者にとってもこれは深刻な問題で、翌1905（明治38）年にポートランドで開催されたルイス・クラーク100年記念万博で、静岡県からの派遣員が喫茶店で茶を配布したかったものの、「不幸にして場内に喫茶店を設くることは櫛引氏の為めに権利を握られ、会場内に日本緑茶喫茶店なく」と悔やんでいる様子が報告されています[*33]。

❖ 星一とTea Ceremony

　セントルイス万博では、ガイドブックにも意外な人物が参加しています。英文の日本出品ガイドブック『英文日本出品手引草』[*34]は、日米週報社の星一（1873-1951）が請け負っていました。政府が5千部を買い取るなど助成し、内容を指示していたようです。星一は、星製薬の創業者として手術用モルヒネの国産化に成功するなど「東洋の製薬王」としても知られていますが、この時はアメリカで留学生活の後に出版社を立ち上げ、万博で印刷機の展示も行っていました[*35]。後に野口英世（1876-1928）のパトロンとなったり、国会議員となるなど有名な方ですが、「ショートショートの神」とも称

される作家の星新一（星親一、1926-97）の父親といった方が身近に感じられるのではないでしょうか。

　ガイドブックに掲載された星一の「茶道」の記述は「日本の代表的な製品である茶は、農業館で最も重要な展示品で、正面に茶道（tea ceremony）をする2人の女性の人形がディスプレイされている」と紹介しているのみです。「茶の湯」のローマ字表記は使われず、英語で「tea ceremony」と記されています。

　セントルイス万博以前に英文で茶道が紹介された書物の中では、バジル・チュンバレン（Basil Chamberlain, 1850-1935）が『日本事物誌（Things Japanese）』（1890）に書いた体験談がよく知られています。その後、1895（明治28）年に松本君平（1870-1944）が『リッピンコット』誌に「The Tea Ceremony of Japan」を寄稿しています。

　また、米議会図書館デジタルアーカイブで新聞検索しただけでも、シカゴ万博開催の1893年からセントルイス万博の1904年までに「Tea Ceremony」を含む記事が150件以上確認できました。1900年代初頭にはアメリカ市民に「Tea Ceremony」という言葉が日本の茶文化としてある程度、認識されていたと考えられます。そのため、星一は「Tea Ceremony」と書くことを自然に選択したのでしょう。

　星一はガイドブックのサポートだけでなく、静岡県茶業組合連合会議所からの派遣員に万博内の「婦人クラブ」を紹介し、週1回ずつ茶会を開いてもらうことに成功しています。静岡からの派遣員たちは、万博を足掛かりに周辺のホテルや飲食店にも営業に回るなど、積極的にPRしていたようです*36。

❖ 日本茶広告はアメリカ中心へ

　1900（明治33）年に開催された第5回パリ万博でも、販路をヨーロッパにも広げるため茶業組合中央会議所が喫茶店の運営を担当しましたが、販路を欧州に広げるのは「一大難事」と分析しています*37。以後の万博で茶

業組合の喫茶店出展がアメリカ中心になっていくのは、売り先を見越しての決断があったからでしょう。

　5年後の1909（明治42）年に開催されたアラスカ・ユーコン太平洋博覧会では、茶業組合中央会議所は出品のみで、静岡県茶業組合連合会議所が静岡県より補助金を得て日本喫茶店を出店していました[38]。前述のユーカースは、日本政府館の中央に茶が展示されていたことを『Tea & Coffee Trade Journal』に取り上げていました。ユーカースは、展示において重要なのはサイズではなく「位置」であり、茶が日本の産業の中核にあることを客の心理に印象付けた優れた広告手法だと述べています。そして、「静岡は、ユニオン湾に臨む絵画のように美しい日本喫茶店で、万博観覧で疲れ切った客に菓子と素晴らしい無料配布の茶の小箱を添えて茶を呈し、客の数からも有意義な広告と投資となった」と評価していました【図6-18】[39]。

　静岡県茶業組合連合会議所は、参加後、万博は広告として重要といえども短期間のものであるため、同地で継続広告していく必要性があることを指摘しています[40]。

図6-18　アラスカ・ユーコン太平洋博覧会の日本喫茶店（『Tea & Coffee Trade Journal』1909年8月号）

奮闘する静岡茶

　シカゴ万博（1893）から特に静岡茶の奮闘ぶりが目立つようになります。静岡県からの茶の出品者は77名で、その内51名が入賞と、数だけでなく質も、輸出茶産地として堂々たる成績を収めていることがわかります。

　シカゴ万博では、大きな竹の柱を立て、そこに黒地に鳳凰を描いた西陣織の幕を張り、「静岡県茶」と染め抜かれた旗を交差させて掲げました。「日本茶」と書かれた額の下に茶の瓶詰を富士山型に飾り付け、最上段の目立つところに茶樹の盆栽も飾ったところ、その珍しさからアメリカ人から質問が飛び交い、展示エリアは大変賑わったそうです。静岡県からの派遣員2名は、「他県は工芸館の飾りに力を入れていたが、静岡県は農業館を第一とした」と誇らしげに報告しています。

　派遣員は、展示品の隣で解説しながら見本茶も配布していました。「この茶は日本静岡県製で、産額（「生産量」の意味）は5千万ポンド以上、実に日本茶の3分の1は静岡県産である、安政年間（1855-60）より横浜港から輸出している」と何度も何度も繰り返し演説しながら手渡していたそうです。

　配布した茶は15匁（約56g）入りの二重袋で、外袋は手漉和紙に富士山を背景に茶摘みをする女性たちの絵を描いて「日本静岡茶」と記し、飲み方の説明書も同封しました。他国はPRのため様々な種類の農産物を農業館内で無料配布していたのに対し、日本の展示区画では静岡茶だけという独壇場でした。日本の唯一の無料配布品とあって、客が連日集まってきたそうです。

　シカゴ万博の農業館前には噴水広場があり、配布された茶をそこで淹れて飲む人たちもいたようで、派遣員が通ると御礼をいわれたと喜んでいました。

　配布茶がどこから用意されたのか、気になっている方もいるのではない

でしょうか。シカゴ万博では、開催年の前年産と前々年産の茶が30万袋
用意されました。パッケージデザインも含め、アメリカ人の嗜好に合う茶を
用意すべく、アメリカの大手輸出商スミス・ベーカー商会に相談しながら
決めたようです。静岡茶の名産地である川根、内牧、相俣、静岡(市内)
から中心に買い入れ、再製と包装は尾崎伊兵衛(1847-1926)という静岡の
大手茶商に委託しました。

　無料配布茶による広告は反応が大きかったのですが、同じ質の日本茶
を近隣の茶商が取り扱っていなかったため、客の要望があっても購入でき
る場がなく次の課題となりました。会期中、客から「同じものを探したが、
これほど美味しいものを売っているところはなかった」と嬉しいともいえそう
なクレームがあったそうです。

　次のセントルイス万博(1904)では12万袋、翌年ポートランドで開催され
たルイス・クラーク100年記念万博(1905)ではバスケット・ファイヤードとパン・
ファイヤードの静岡茶を合計10万袋配布するなど、積極的に万博に出向
いて宣伝をしています。

　明治後期、ルイス・クラーク100年記念博覧会(1905)のころには、静岡
県内に再製工場を持った直輸出会社が複数できていたので、10万袋の配
布茶は各社の輸出量に比例した数を担当していました。例えば、富士合
資会社(富士製茶会社の前身)は輸出量が県内トップのため最も多く1万7千
175袋、その他9社も輸出量に応じて配布茶の用意をしました。

　そしてシアトルで開催されたアラスカ・ユーコン太平洋博覧会(1909)では、
茶業組合中央会議所は出品のみでしたが、それでは宣伝が足りないと、
静岡県茶業組合連合会議所が喫茶店を単独運営するほどの力の入れぶり
でした。

　アラスカ・ユーコン太平洋博覧会で行われた茶の審査会では、世界中
の茶が100点を満点として採点されました。その結果を一覧にしたものが
以下です。(満点は太字で強調)

煎茶	静岡100	滋賀95	京都90	埼玉85	三重80
釜製緑茶	静岡100	神戸95			
籠製緑茶	三重90				
緑茶	京都100	静岡95	三重90	神戸85	
紅茶	熊本100	高知95	福岡90		

　審査員による評価は、日本の出品茶の中で「静岡産の釜製茶（パンファイヤードの煎茶）及び京都の玉露等」が最も優良であったと述べています。満点を取ったのは、静岡茶以外では京都の玉露、そして熊本の紅茶も高評価だったことがわかりました。

　審査の項目は「香気、風味、色沢、乾燥、形状、販路、世評」で、販路や世評も評価基準に入っているのが実用的です。アメリカで売れる見込みのある茶が高く評価されていたということになります。

　大正期に入ってから開催されたサンフランシスコ万博（1915）では、静岡県から食糧館の展示用に天井に届くほどの高い五重塔の模型が用意され、ここに茶の見本を入れたガラス瓶を並べて見せていました。『日米新聞』の記者が「庭園に置いたら人目をひいただろうに」[41]というほど立派な模型だったようで、茶をなんとか目立たせようという静岡県の茶業者たちの意気込みを感じます。

　1899（明治32）年に清水港が開港し、静岡が輸出茶の中心地として邁進していく様子を万博にも見ることができます。

（参考　『静岡県茶業史』p.741-757.）

図　1893年シカゴ万博の農業館前
（『The book of the fair, vol.4』Bancroft 1893年刊　スミソニアン学術協会図書館群蔵）

第7章

サンフランシスコ万国博覧会

Panama-Pacific International Exposition

吉野亜湖

図　サンフランシスコ万博会場の鳥瞰図（米議会図書館蔵）

会期	1915（大正4）年2月20日〜12月4日
開催地	アメリカ合衆国・カリフォルニア州サンフランシスコ

——⌘ 博覧会概要 ⌘——

パナマ運河開通と太平洋発見400周年を記念して催されたため、パナマ・太平洋万国博覧会とも呼ばれます。同時に、1906年のサンフランシスコ大地震と火災で被災した都市の再建と復興を世界に示す目的もありました。

会期中約1千900万人が来場しました。

同年にサンディエゴでもパナマ・カリフォルニア博覧会（サンディエゴ万博）が開催されています。

——⌘ 見どころ ⌘——

サンフランシスコ万博で特筆すべきは、茶室（玉露・抹茶席）が喫茶店（煎茶席）の建物から離れ、静かな空間に設けられたことが挙げられます。岡倉天心の『茶の本』がアメリカで出版された後の万博になりますので、影響はあったのかどうかが気になります。

茶葉の出品は雑多さを避けるために少数精鋭で選抜され、展示の場に淹れ方のデモンストレーションと無料試飲コーナーを設けたり、宇治の茶園における茶摘みから製茶までの活動写真を上映するなど、新しい試みも見られました[1]。

喫茶店のメニューも、アメリカン・スイーツやサンドイッチと日本茶をマッチングさせるなど、これまでの経験を生かした内容となってきました。

なお、パナマ・カリフォルニア博覧会（サンディエゴ万博）の日本喫茶店は在米邦人によって運営され、茶業組合中央会議所は茶葉の提供を行う形で協力していました。

❖ ショートケーキにアップルパイ

　ストロベリーショートケーキにフレッシュアップルパイ、そしてシャーベット
やアイスクリームを日本茶とあわせていかがですか？　チキンにハム、チー
ズやレタス・サンドイッチもあります。まるでアフタヌーン・ティーみたいです
が、これらは全てサンフランシスコ万博の日本喫茶店のメニューです【図
7-1】。運営は茶業組合中央会議所が行っていました。

　茶業組合中央会議所は、1897（明治30）年から7年間、年7万円の補助
金を得てアメリカのニューヨークとシカゴ、カナダのモントリオールに出張
所を置き、サンフランシスコ、シカゴ、シアトルなどの喫茶店で広告活動を
行いました。1911（明治44）年からは第2弾として、セントルイス、サンフラ
ンシスコ、ポートランド、シアトルなどで喫茶店を開設し、日系人が経営し
ていた喫茶店にも援助をしました*2。

　サンフランシスコ万博の喫茶店のメニューは、これまでの経験を生かし

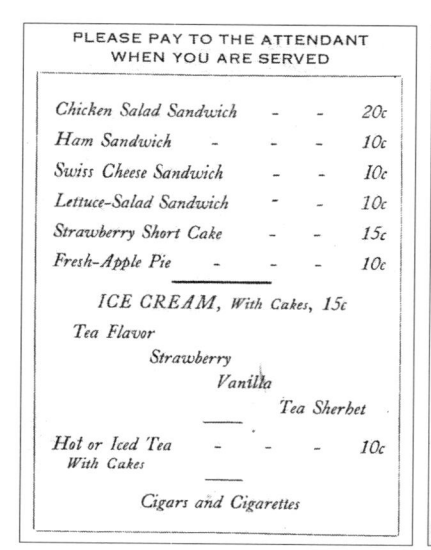

図7-1　日本喫茶店のメニュー

図7-2　日本喫茶店のメニューの表紙と裏表紙（個人蔵）

図7-3　メニュー表紙裏の写真（日本喫茶店の外観と内装）

たものだったのでしょう。

　日本喫茶店メニューの表紙には赤地に振袖を着た日本女性が描かれ【図7-2】、その裏面には日本喫茶店の外観と内装の写真が印刷されています【図7-3】。「お土産としてメニューをお持ち帰りください、そして日本茶をご友人におすすめください」とメッセージが添えられていますので、メニューも広告メディアとして活用していたとわかります。2つ折りで9×15cmとコンパクトで持ち帰りやすいサイズです。

　日本喫茶店は90坪の総檜造りで、静岡市内で木組みされた後に、横浜港から博覧会場へ輸送されました。内装がわかる資料は少ないのですが、メニューに添えられた写真から建物は和式で、テーブルと椅子は洋式であったことがわかりました。

　博覧会公認写真帖に掲載された日本喫茶店の写真からは、戸を開け放ち開放感のある雰囲気で、テラス席を設けていた様子を見ることができます【図7-4】＊3。サンフランシスコの気候は一年を通じて穏やかですので、日本庭園や他の日本館をながめながら日本茶が飲めるテラス席は心地良かったのではないかと想像します。

図7-4　日本喫茶店外観『巴奈馬太平洋万国大博覧会写真帖』（株式会社乃村工藝社蔵）

　煎茶は「急須へ入れて」[*4]、つまりポットサービスだったようで、**図7-4**
のテーブルの上や給仕の女性の盆の上に丸い急須が確認できます。茶に
煎餅3枚を添え、ホテルやレストランで出せば25 〜 30セントに値する日本
茶を10セントで提供していました。さらに扇子や箸、小冊子、見本茶もプ
レゼントするという大盤振る舞いです[*5]。

❖ ティーガールの活躍

　日本喫茶店外観【**図7-4**】の写真には、振袖を着た給仕役の茶娘「ティー
ガール」が7名勢揃いしています。着物の三つ紋は桜の絵に「TEA」の文
字を刺繍し、裾模様には白と桃色の菊の花に緑の葉、西陣織の帯は牡丹
の花を染め出した朱鷺色と凝ったものでした[*6]。写真帖には彼女たちの名
前まで記載されており、まるでアイドルのような扱いです。
　ニューヨークの邦字新聞『紐育新報』（1915年8月28日付）では、サンフラン
シスコ万博の公認写真師が日本喫茶店の茶娘の写真を売りに出したとこ
ろ、全米から注文が殺到し、取材日までに1万ドルの純益があったと報道
しています[*7]。「万博の写真でこれほど利益を得たものはない」とコメントが
付いていますが、大正期の1ドルは約2円ですので日本円では2万円（現在
の価値で約2千800万円[*8]）の収益を万博中盤に生み出していたことになります。

　地元の新聞『サンフランシスコ・クロニクル』の万博開会式特集にも、茶娘が登場します。日本パビリオンではサンフランシスコ日本人協会のメンバーが協力し、茶業組合中央会議所の「ティーガール」7名で茶を振る舞ったことが記事になっていました[*9]。

　開会式をはじめ各イベントで、彼女たちは接待役として活躍しました。5月の節句にはサンフランシスコの日本人移民協会の協力で寿司の模擬店が設けられ、茶娘たちは総出で2千人に及ぶ客の接待にあたりました。サンフランシスコで日本人移民に対する排除の動きが強まりつつある中でしたので、「中央移民総監」など貴賓客を招いた茶席のもてなしは、社交上重要な役割を果たしていたと考えられます。サンフランシスコの邦字新聞『日米新聞』は、5月の節句の催しで茶娘の活躍と共に「日本固有の食物を外人に振舞うは面白く」と日本人移民の心情を伝えています[*10]。

　同新聞に、万博関係者の舞踏会へ「ぜひ日本人のレデースを」（原文ママ）と招待された記事などもあり、毎日のようにティーガールは新聞を賑わしていました。

　彼女たち目当ての客やラブレターも絶えなかったようですが[*11]、慎ましやかで優美な姿を好み「養女にしたい」と懇願してきたミネソタ州で会社を営むアメリカ人夫妻もいたそうです。万博から帰っても「彼女たちのことばかり考えている」と、あとから心温まる手紙も届いたと新聞記事にありました[*12]。

　また、南北戦争に従軍したという94歳の「翁（おきな）」も、彼女たちを孫娘のようにかわいがっていました【図7-5】。彼の息子が万博の病院長だったこともあり、毎日3度も4度も日本喫茶店に足を運び、3時になると茶娘たちにアイスクリームを振る舞っていたとのことです[*13]。

　日本喫茶店では、アメリカ人女性も4名雇われており、両国の少女た

女猿茶と翁の歳四十九

図7-5　『日米新聞』（1915年4月14日付）

ちが手を取り合って微笑み合う姿が、ライフスタイル誌『サンセット・マガジン』によって「美しい日米の協和増進薬」と紹介されました【図7-6】*14。このような描写は、同年に発表された他の記事が日本人移民排斥問題や、日本の中国への要求（対華要求）やシベリア出兵による緊張感から日米戦争の可能性について論じら

図7-6　『サンセット・マガジン』掲載写真

れる中で、唯一の平和的な内容として際立っています。彼女たちはそれぞれ「カリフォルニア・パピー」と「大和撫子」と称され*15、日本茶の広告だけでなく、日米友好の象徴としても重要な役割を果たしていたのです。喫茶店は国際交流の場としても機能し、両国の理解と友好を深める一助となっていました。

❖ 加熱する新聞報道

　日本喫茶店の茶娘はどのような女性たちが選ばれたのでしょうか。茶業組合中央会議所は16 〜 22歳までの女子を募集し、選定方針としては以下のように示しています*16。（以下筆者要訳）

> 品行方正、容姿優雅であること。日本婦人のしとやかな起居動作と控えめで温柔な性格、また衣装や髪飾りは上品なものを用い日本婦人の美を外国人に示そうとする精神を共有できる者。雅到溢れる「茶礼式」がいかに日本婦人を温和に薫陶するかを示すことが重要なので、必ずしも美人のみを選ぶということではない。気品が備わっていて、日本固有の婦人性を有するものを採用する。

　初回の募集では5名の採用を予定していましたが、5日目には応募者が

40名に達し、事務所に直接押しかける者も日々4、5名あったため、『日米新聞』の記者は締め切りまでに100名を超えるだろうと予想していました。

彼女たち一行がサンフランシスコに上陸した時は、アメリカの報道陣が詰めかけ、活動写真まで盛んに

図7-7　「昨日上陸せる桑博茶寮女」『日米新聞』（1915年2月3日付）

撮影していたようです【図7-7】。その様子を取材していた『日米新聞』（1915年2月2日付）の記事を以下に要訳します*17。

　　良家の子女で教育もあり、中には政府高官・海軍大佐の息女もいる。背も高く、風姿楚々たる、唇は山茶花の如く、玉肌は雪のようで、目が覚めるばかりの衣装と調和し、花を見ているようである。アメリカの新聞記者が押しかけ遠慮なく何枚も写真を撮り、彼女たちはあまりのレンズ攻撃に泣き出しそうになったくらいであった。

この新聞記事には彼女たちの名前だけでなく住所も公開されていました。住所は伏せますが、彼女たちのプロフィールを新聞記事からまとめて紹介します*18。

　　楠本み江子（24）と妹きく子（20）は、英語が得意で三越に勤務、裏千家の茶道を習う、兄が有名な木版師。
　　中原のぶ子（24）は、富裕層の娘で女学校を出て生け花と茶道が得意（帰国後に『横浜毎朝新報』の新聞記者となる）。
　　磯山千代子（19）は、琴の免許を持ち、茶道をする。
　　新谷すゑ子（21）は、父は牧畜業で兄は会社員。

山田喜代子 (18) は、銀座の洋品店の娘、フェリス女学校卒で英語と茶道が得意。

森井はる子 (25) は、本郷の帝国大学門前で「森井茶店」を営んでいる信蔵の妹で裁縫女学校を卒業し生け花と琴も得意（会期終了後、山田喜代子と森井はる子は、茶業組合中央会議所がロサンゼルスに常設喫茶店を設ける予定があり、そこに就職を希望）。

　茶娘たちは、到着後、日本喫茶店の開店に向けて接客のトレーニングを受け、「直接的には茶業組合中央会議所の事業ではあるが政府の参同事業でもあること」を自覚して行動するようにと訓示され、外出も厳しいコントロール下にありました[19]。万博の日本喫茶店で茶を供すということは、日本茶広告の最前線に立ち、日本人のイメージを代表する役割を担うことを意味していたのです。

　さらに、彼女たちの人気ぶりがわかるニュースもありました。サンフランシスコ港で帰国時に、「茶寮女を誘拐すれば2千ドルを渡す」との懸賞が出たと噂がたち、警備員がピストルを用意するなど厳しい警戒態勢がしかれたそうです[20]。

　喫茶店は大繁盛、多い時は立って飲む者もあり、チップも弾まれ1人1日10ドル以上に達したこともあったようです[21]。

　邦字新聞は帰国後も彼女たちからの手紙を公開したり、「内緒だが」と前書きしてプライベート情報を掲載したり、「再び戻りアメリカ在住の日系人と婚約か」と期待する記事もありました。日系移民に独身女性が少ない中、喫茶店の女性たちはアイドルのような存在であり、結婚相手としても注目を集めていたのです。

❖ 独立した茶室

　日本喫茶店の位置を絵図【図7-8】[22]から確認しておきましょう。日本喫茶店は台湾喫茶店と並んで配置されています。抹茶・玉露席用の「茶室」は、

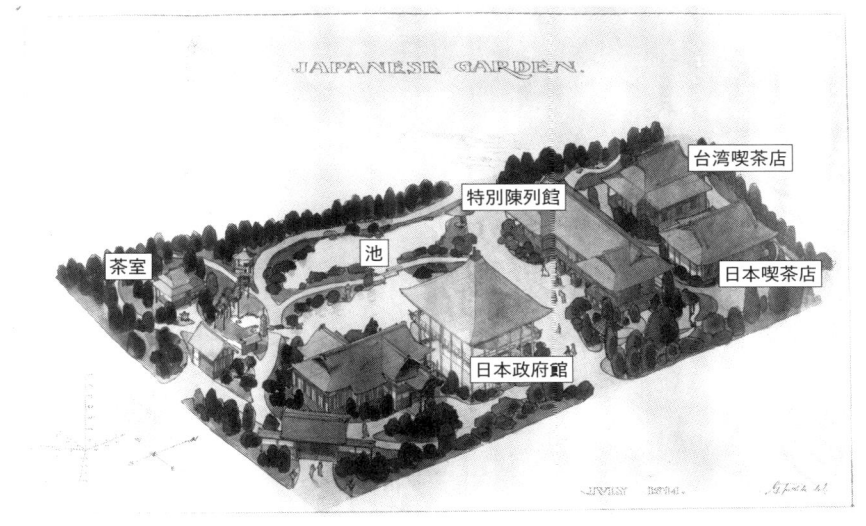

図7-8　日本パビリオン絵図（活字は引用者）

煎茶席の日本喫茶店から離れた位置にあったことがわかります。これまで
アメリカで開催された万博では、抹茶席は同じ建物内または煎茶席と隣接
していましたので、新たな展開といえます。

　茶業組合中央会議所の海外派遣員である西巌は、万博の準備にあたり、
サンフランシスコ万博の日本庭園は全建築物の「調和」を重視することに
なったと述べています*23。セントルイス万博 (1904) や日英博覧会 (1910) で
は建築物の色が様々で、現地の石材を用いるなど日本庭園の独自性を発
揮できていなかったことを反省し、サンフランシスコ万博は「純然たる日本
式」で全体を統一するというのが政府の意向でした。園内に「断じて」売店
を置かないことも決められたのです。

　この方針にのっとり、日本喫茶店（西は「緑茶喫茶店」と述べている）は台湾喫
茶店と合わせた風情とし、人通りの多い日本パビリオンの入り口付近に配
置されました（台湾喫茶店の外観は附章192頁参照）。

　対して茶室は、「閑雅な」場所に建てられることになりました*24。茶席は
茶道の宗匠と相談しながら設計し、トイレや台所は外国人仕様で、数寄屋

大工や左官職人を同行させて和洋折衷で建築しました。庭園の木や石も風情あるものを日本から持ち運ぶことになる、と西は茶業組合中央会議所の意気込みを伝えています。

　日本らしさにこだわったのは、外国側からの批評も関係があったと思われます。アメリカ人の旅行記作家・旅行活動写真家として知られるバートン・ホームズ (Burton Holmes, 1870-1958) は、第5回パリ万博 (1900) の日本パビリオン【図7-9】に日本らしさを感じられなかったことを嘆いていました。以下はバートンの旅行記からの引用です*25。（以下筆者訳）

> 世界で最も趣味の良い日本人すら、西洋の醜い「流行病(はやりやまい)」に冒されてしまった。喫茶店はまったく日本らしさを感じられず、オリエンタル・ビールを売り出す始末。売店はデパートで買える程度の駄作で埋めつくされていた。本館さえヨーロッパの大工が建てたもので、日本本来の独自性に欠けていた。

　西洋人が日本らしさを喫茶店にも求めていた様子がよくわかります。

　なお工芸品に関しては先行研究が多く、寺本敬子氏の『パリ万国博覧会とジャポニスムの誕生』(2017) でも示されているように、既に第3回パリ

図7-9　左手前が第5回パリ万博の日本喫茶店（カルナヴァレ美術館蔵）

万博 (1878) 当時から、西洋との接触により日本の独自性が損なわれ、金儲け主義へと変わっていくことを懸念する声が評論家などから上がっていたようです[26]。この点に関しては、先のセントルイス万博 (1904) で岡倉天心も指摘していたのは前述の通りです。

❖ 精神を養う庵にて

　喫茶店と離れ、独立した茶室はどのようなものだったのでしょうか。約14坪で白木造り、「日本庭園の滝落つる丘の彼方、紫花爛漫たる藤棚の傍らに、数寄を凝らせし室町時代の式により建てられている」と、『日米新聞』(1915年3月6日付)に描写されており、風雅な空間を演出していたようです。3月の茶室披きの様子について同記事に述べられていますので、以下に要訳します[27]。

> 白木の冠木門をくぐると「養神庵」と号された茶室が見え、中は四畳半で水屋三畳、喫煙席三畳、待合が十畳の広さであった。抹茶は50セントで玉露は35セントの入場料を徴収し、茶の販売もあった。点前は裏千家流の門人楠本みえ子と給仕の2名で担当していた。床には牡丹と菊の絵の二軸、菜の花が生けられ、茶席の外には造花であるが藤棚が見事に設えられ、風情を添えていた。

　お客様には靴カバーを用意して靴を脱がずに茶席に入れる工夫をし、畳の上に座布団を敷き座ってもらう形にしていたそうです。
　万博の審査官などを迎えた席では、作法もかなり細かく伝えていましたが、説明人の思い通りにはいかなかった様子が記されています[28]。

> 茶を「三口半 (スリー・タイム・ハーフ)」で飲む、と説明してもアメリカ人は「半口」という意味を理解できない。一口飲んだら「御結構です」と称賛するのだと教えても、「甘い」「よろしい」「渋い」「さわやか」とそれ

ぞれの感想を述べ、菓子は先に食べるのが作法だが、左手一つで茶
碗を持って後から菓子を食べる。

　しまいには正座に耐えきれず前に倒れてきたそうで、茶席のあり様が目
に浮かびます。
　また、精神を養う「養神庵」との茶室名通り、「茶
を飲むときは集中して余念なく虚心坦懐（心にわだ
かまりがなく平静な状態）で宇宙の幽玄に通じる」と、
精神性も同時に語っていました。参加者が最後に
「茶礼は日本女の武士道だ」と感想を言ったという
ので、記者はこの一席を高く評価しています。
　思想家・教育家として知られる新渡戸稲造
(1862-1933) の著作『武士道（Bushido）』は、1899（明
治32) 年にアメリカで出版され、ベストセラーとなり
ます【図7-10】*29。新渡戸がこの本を書いたのは、
ドイツ留学中にある教授から質問されたことがきっ
かけでした。

図7-10　『武士道』の表紙

「日本の学校では宗教教育がないと聞いたが、道徳心はどのようにして育
まれているのか？」

　この問いに対し、当時の新渡戸は即答できず、深く考えさせられました。
日本人の道徳や思想を国際社会に伝える必要性を感じ、日本文化論として
『武士道』を執筆することになったのです。この本は、ルーズベルト大統領
をはじめ、多くの外国人に読まれ、大きな反響を呼びました。そのため、「武
士道」という言葉が普通にアメリカ人の口に上ることも不思議ではありませ
ん。
　茶業界は、どのように茶道を捉え、海外に紹介したのでしょうか。西巌は、
茶室を設けることにより日本茶が単に飲料だけのものではなく「儀式礼式」

の一端でもあることを知らしめたい、と述べています*30。

『日本茶業史　続編』の報告によると、茶道が「禅道」「武士道」「女礼」にも通じていることを解説し、「日本の精華」を深くアメリカ社会の各層に知ってもらうために、琴の演奏も披露し【図7-11】*31、山

図7-11　茶室での琴演奏（『サンフランシスコ・イグザミナー』）

本祥雲画伯による席画も土産につけていたそうです*32。それにより「茶道の玄妙」を了解した者が1千800人に達したと報告しています。日本茶の文化的・芸術的価値を、茶道体験によって感じ取ってもらおうとしていたのでしょう。

会期後、茶室は銀行家（ドラム氏）が購入し、カリフォルニア州ミルバレーの別荘に移築して活用されました。

❖「茶の本」の影響

茶道に携わっている方は、岡倉天心の『茶の本』【図7-12】がサンフランシスコ万博にどのような影響を与えたか、気になるところでしょう。

『茶の本』は、『武士道』よりあとの1906（明治39）年にアメリカで出版され

図7-12　『茶の本』（茨城県天心記念五浦美術館蔵）

図7-13　ボストン美術館時代の岡倉天心（茨城県天心記念五浦美術館蔵）

ました。天心がボストン美術館の中国・日本美術部の顧問に就任していた時代のことです【図7-13】。

サンフランシスコ万博が開催された1915（大正4）年時点では天心が他界

してから約2年が経過していましたが、日本側の万博理事官であった原田治郎（1878-1963）は、天心が記した「ティーイズム（茶道）」の概念に影響を受け、万博の場で茶道について解説していました（「ティーイズム」は『茶の本』における天心の造語）。

　原田治郎は、外国人に日本文明の本質とそこに宿る崇高な日本精神を理解してもらうためには、「茶礼式」を見せることが最良の方法だと考えていました。彼は日本パビリオンを訪れた来場者を茶室に案内し、茶道は「単なる飲食の儀礼にとどまらず、日本文明の基礎の一つを成す禅の趣味が発展したもの」と紹介していました。また、四畳半という限られた空間の中に宇宙の広がりを感じさせ、「茶を通じて崇高な精神を養う」と解説していたのです[*33]。

　原田は14歳で渡米し、セントルイス万博（1904）の際にはカリフォルニア州立大学バークレー校に学籍を置いていましたが、日本の万博事務局で職を得て中退、事務局副総裁である松平正直（1844-1915）の秘書兼通訳を務めました。その後、1910（明治43）年にロンドンで開催された日英博覧会では「報道官」となり、このころから日本美術に関する記事を執筆し、海外の雑誌に寄稿するようになりました[*34]。

　彼は後に、英文で著した『日本庭園』（1928）をイギリスで刊行します[*35]。この書籍は、日本人による英語で書かれた日本庭園についての論考として最も早い時期の単行本であり、日本庭園を理解する上で、岡倉天心が示した芸術観や禅の思想が重要であると紹介しています[*36]。原田は「茶の湯」が日本庭園の高雅さや、日本独自の美意識を維持するために欠かせない要素であると考えていたようです。

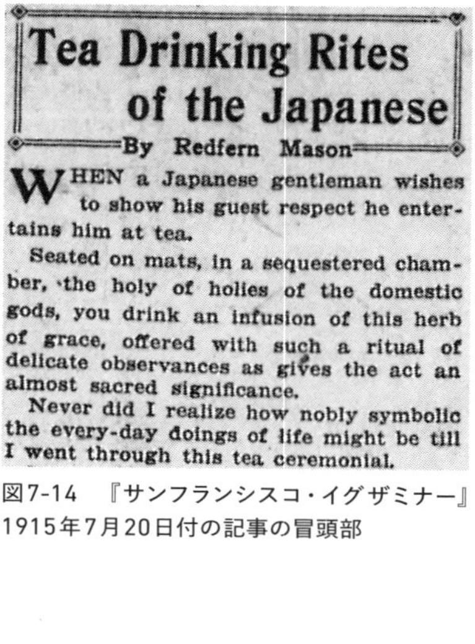

　『サンフランシスコ・イグザミナー』【図7-14】の記者が、原田に案内され

Tea Drinking Rites of the Japanese
By Redfern Mason

WHEN a Japanese gentleman wishes to show his guest respect he entertains him at tea.

Seated on mats, in a sequestered chamber, the holy of holies of the domestic gods, you drink an infusion of this herb of grace, offered with such a ritual of delicate observances as gives the act an almost sacred significance.

Never did I realize how nobly symbolic the every-day doings of life might be till I went through this tea ceremonial.

図7-14　『サンフランシスコ・イグザミナー』
1915年7月20日付の記事の冒頭部

た茶室での「穏やかで神秘なる体験」を記事にしていますので、共に席入りした気分で読んでいきましょう*37。（以下筆者要訳）

> 私たち5名（アメリカ人、フランス人、イギリス人）は、靴にカバーをつけ、期待に胸を膨らませながら、原田について小さな部屋に足を踏み入れた。そこは窓がなく、白い紙越しに柔らかな光が差し込んでいた。「茶室の素材はシンプルであるべきです」と原田が話し始めた。「それは、人間の肉体のもろさを象徴しています。しかし、肉体は神聖な生命の住処（すみか）であるため、それを象徴する建物も技術的に完璧でなければならないのです」

　原田の解説は、「茶室はシンプルでありながら非常に精巧な造りである」とする岡倉天心の『The Hō-ō-den』にあった茶室の解説と通じます（第5章参照）。原田の声は落ち着いて控えめで、厳かな雰囲気を醸し出していたそうです。

> 「茶道において茶本来の甘さを得るためには、心に苦味があってはならない、すなわち心が清く澄んでいることが重要です」と原田は語り、我々が理解しやすいように日本の修行僧の生活についても話してくれた。

　記者は「私は茶道を体験するまで、日常生活の何気ない営みがこれほど高尚で、象徴的なものであることに全く気づかなかった」と、一杯の茶がもたらした自身の意識変化に感嘆しています。

　また、サンフランシスコ万博の公式報告書【図7-15】*38は、日本庭園を「精神の展示（A spiritual exhibition）」と表現していました。

図7-15　サンフランシスコ万博公式報告書（Hathi Trust）

報告書の筆者は、「壮麗な日本庭園に存在している茶室で、西洋人が茶の湯 (Cha-no-yu) の繊細な心理学や精神的安らぎを少しでも理解できるようになるだろう」と感じ、次のように述べています。（以下筆者要訳）

> 数世紀にわたり、芸術家や哲学者たちは、茶の儀式や芸術を通して心に静寂と安らぎをもたらしてきた。この行為は、理性と精神の極めて洗練された領域にある。日本人以外に、博覧会の喧騒の中でその本質を示そうとする者があるだろうか。まさにこれこそ、日本が博覧会で紹介すべき最良のものである。

そして、「西洋人である筆者が茶道について語るのは手に余るため、東洋の哲学を翻訳できる原田治郎の言葉を借りる」と書いています。以下に公式報告書に記された原田の解説を要訳します。

> 「茶室は狭い空間ではあるが、もろく繊細な構造で、色や素材など全てが調和しているため、圧迫感を感じさせません。外から聞こえてくる滝の音や木々のせせらぎも、茶釜の湯が沸く音と調和しています。そのため、室内に居ながら自由に宇宙の果てまで心を遊ばせることができ、空間比率が巧みに計算されているので、有限の中に無限を見出すことが可能になるのです。」

この茶室は庭園の滝の前に建てられていたので、実際に水音を聞きながら、目の前で茶釜の湯がしゅんしゅん鳴っている様子を感じていたはずです。原田は、その場に座っていた客の心の動きに合わせて話をしていたのでしょう。そして、次のように続けています。

> 「茶室の構造のシンプルさは、全てが永遠ではなく一時的であることを示しています。どんな堅固な建築物でもやがては崩壊し、土に還るなど常に流転するように、我々の魂は一時的に体に宿っているにすぎませ

> ん。茶室で感じる儚さは、この哲学を象徴しており、自然と謙虚な気持ちになります。茶の湯は心を落ち着かせ、喧騒や闘争から人を解き放つものなのです。」

さらに、原田は、茶道の本質を語るため『茶の本』の第一章から以下の一節を引用していました。

> 「茶道とは、日常の俗事の中に存在する美しさへの崇拝に基づく一種の儀式です。」

そして、日本では400年にわたり茶道を通じて「礼儀作法を身に付け、記憶力が鍛えられ、芸術が発展し、精神の柔和さや忍耐力、集中力といった心の規範が育まれてきた」と述べています。

また、「現代の日本の実業家は、茶の湯で俗世の喧騒から離れ、安らぎを見出している」と、茶道は過去の遺物ではなく、この時代にも生き続けていることを伝えていました。原田だけが特別だったのではなく、大正時代には多くの財界人が茶道を嗜むようになり、日本文化の重要な一部として再評価されていたのです。

『茶の本』の日本語訳が出版されたのは天心没後の1929（昭和4）年でしたが、それより10年以上前の万博で、日本人である原田の口から天心の言葉が語られ、茶室を訪れた人々のみならず、現地の新聞や報告書を通じ、全米の人々が茶道について目にしていたことがわかりました。

❖ 意外な副産物

『日米新聞』は、万博に関する記事を連日取り上げており、その中には、茶道を体験した作家や音楽家といった芸術家たちが感銘を受けた様子が見られます*39。

また、『毎日新聞』の前身『東京日日新聞』（1915年8月3日付）の記者は、

日本パビリオンで人々を驚かせている「意外の副産物」(原文ママ)は茶室だ、と高く評価しています。芸術家だけでなく、「拳闘家の名手」である兵士さえも「茶の湯渇仰者」となったエピソードが記されていました[40]。(以下筆者要訳)

> 禅の精神が息づく茶の湯の説明を聞き、外国人が静かなる別天地の深みを感じていたのは、面白い一事象である。日米戦争を主張していたアメリカ兵も、一度茶室に入ると一変し、日本の優雅高尚の思想に魅了され、その美点を同僚に語った。その同僚が嘲笑するや否や鉄拳を加え、「一度体験してその奥深さを感じなければ、再び拳をお見舞いする」と一喝したそうだ。

　茶業組合中央会議所の意図以上に、この茶室は人々に強い影響を与えたといえるでしょう。茶道を嗜む者なら、わずか一度の体験でここまで心を揺さぶられたという記事を見て、より一層精進したいという気持ちになるのではないでしょうか。

❖ 茶業界にとっての茶道

　当時、「中国茶や日本茶は手揉み製法で非衛生的だが、インド・セイロン紅茶は機械製で衛生的」と批判広告が新聞に掲載されるなど、インド・セイロン紅茶による日本茶のネガティブキャンペーンが行われていました[41]。これに対して、1911(明治44)年より日本茶の広告宣伝を行うべく茶業組合中央会議所からアメリカへ派遣された西巌は「他国茶を排斥損傷するような野蛮な言動は固く慎しみ」、大いに日本茶が「純潔佳良」であることを宣伝する方針で臨んでいました[42]。
　万博に関して西派遣員は、茶業組合中央会議所が万博に初参加した1893(明治26)年のシカゴ万博以降、日本喫茶店が好成績でアメリカでの「日本茶需要を著しく喚起」したが、万博終了後は宣伝活動を継続しなかった

のでインド・セイロン紅茶に押されてしまった、と分析していました。そこで、サンフランシスコ万博では、喫茶店とデモンストレーションで日本茶を感応させ、会期終了後は地元茶商と連携しながら販促活動を継続し、「国家のために益々日本製茶の輸出貿易を盛んならしめん」と強い意志を示しています*43。

デモンストレーションは新しい取り組みとして、茶葉を展示していた食料館において行われました。電気湯沸かしを用いて無料試飲コーナーを設け、在米邦人を雇用し製法の解説から淹れ方のデモンストレーションを実施していたのです。さらに、そこで試飲させてから喫茶店への誘導を行うなど、連携したプロモーションを展開していました。試飲は他の日本展示にない試みで、非常に効果的だったと報告されています*44。

食料館では、静岡県清水の茶園と富士山の絵を背景に、前面に造花の茶樹を、奥には本物の茶樹を配置し、茶摘みの風景を人形で再現していました。春には新芽、秋には茶の花を備え、背景の木々も季節に応じて桜や紅葉に変わり、さらに人形の衣装も季節に合わせて着替えさせるなど

図7-16　食料館の日本茶の展示（『茶業界』1915年6月号）

細やかな演出です。この人形は1体180ドルで衣装も1体に付き500ドルと力の入ったもので、7月の食料館デーのイベント時に抽選で来場者にプレゼントされ、大きな話題となりました*45（大正4年の消費者物価指数を基に現代の価格にすると、人形1体の衣装代だけで300万円）。

茶園の隣に茶室を設け、霞棚（かすみだな）に出品茶をガラス瓶に入れて並べ、縁側では夫人と子どもの人形が茶摘みの光景を見ながら喫茶を楽しむ様子に仕立てていました【図7-16】*46。茶業組合中央会議所は、茶園から茶室での一杯へ至るまでをイメージさせながら、各県から選抜された出品茶を展示していたのです。

また、西派遣員は、茶業組合中央会議所が制作した日本茶販促用の小冊子『日本茶の秘密（The Secrets of Japan Tea）』（1911）を、万博や全米の営業活動に活用していました【図7-17】。この小冊子は、日本茶を「健康で幸せな生活を導くもの」として位置づけ、淹れ方から栽培・製造法、効能、歴史や文化について説明しています*47。

茶道は2つある「日本茶の芸術的価値」の1つとして、以下のように紹介されました*48。（以下筆者訳）

> 日本の茶道（tea ceremony）は良家の女性の嗜みである。本質は、心身の完全調和を得ることにある。多くの書物があるが、全てを説明することはできない。習得に少なくとも3年はかかる。茶道用の茶は1ポンド15ドルと大変高価で、茶道具も何千ドルするものもある。

図7-17 『The Secrets of Japan Tea』の表紙と茶道紹介のページ（静岡県茶業会議所蔵）

　この小冊子では、日本茶がウェルビーイング（心身の健康と幸福）につながることを強調し、茶の文化的・芸術的な価値を高める情報として茶道を取り上げています。

　ここに示された茶道以外のもうひとつの日本茶の芸術的価値は何だと思われますか。その答えは、独特な「製造法」です。日本茶の製造過程そのものをひとつの芸術として捉え、茶道と両輪で日本茶文化を構成しているとして紹介していたのです。

❖ 日本茶の美味しいレシピ

　『日本茶の秘密』は1911（明治44）年に制作されました。110年以上前に世界に向けて打ち出した日本茶の淹れ方の「シンプル・ルール」を見てみましょう。

> 1. 一人分の茶葉はティースプーン山盛り一杯分を用いる。
> 2. 汲みたての水を完全に沸騰させる。
> 3. 沸騰したての湯を、乾いたポットの中に入れた茶葉に注ぎ、2〜3分待つ。ポットは陶磁器製がおすすめ。
> 4. 決してポットを火にかけないこと。
> 5. 砂糖、ミルクを加えても良い。
> 6. 茶葉の保存は湿気を避けること。

　茶葉の量を測ること、浸出時間を意識すること、完全に沸騰させた湯を用いることは、現代の日本茶インストラクター協会が紹介している日本茶の淹れ方ガイドにも通じます[*49]。現代より浸出時間が長めなのは、紅茶と同様に1煎で出し切り、ミルクや砂糖を入れる習慣があったからでしょう。そして、金属製でなく陶磁器のポットがよいとすることや、「火にかけない」としたのは、茶を煮出して飲む人もいたことから注記されているのだと思います。

喫茶店では日本式の飲み方としてミルクやクリームを入れないスタイルを推奨していましたが、徐々に海外では日本式を押すのではなく、現地の嗜好に合わせて紹介する方が良いという考えが出てきたのです[50]。

喫茶店で採用した煎茶も、アメリカの需要量に対し供給可能な「再製茶」を用いたので、「日本人が飲むと首をかしげる向きもあったが、外国人に好評で大目的は達成」としていました[51]。

❖ 里帰りできるパビリオン

作家の井上靖 (1907-91) の叔父夫妻は、明治30年代末に渡米し、戦前期にサンフランシスコで商売をしていたそうです。叔父夫妻の生涯を綴った井上靖の作品『わだつみ』(1977) は、小説ではありますが聞き取り調査を行っているため、サンフランシスコ万博会期中の在米日本人の様子が読み取れる内容です[52]。当時はなかなか日本への旅行もかなわない時代でしたので、アメリカ在住の日本人たちは里帰りをした気持ちで万博の日本庭園を歩いていたといいます。また、サンフランシスコ万博会期中に日本商品を扱う店舗は、入荷すれば即売というほどの大繁盛で、万博宣伝効果は多大なものであったようです。

この賑わいは邦人社会だけでなく、この機会を逃すまいと全米から行商人が集まり、サンフランシスコ市は規制を敷く必要があったほどの盛り上がりをみせていました[53]。

『日米新聞』は、サンフランシスコ万博とサンディエゴのパナマ・カリフォルニア博覧会の広告が成功し、アメリカによる日本茶の輸入量が増え、日本茶は前年より約2千490トン、台湾茶は約110トン増加したと伝えています[54]。また、在米邦人の視点から、脂肪分が多い食事を好むアメリカ人には烏龍茶の方が嗜好に合うため、台湾喫茶店を常設して広告を続けていくべきであると提案していました[55]。

余談ですが、トーマス・エジソン (Thomas Edison, 1847-1931) は日本びいきで、

「喫茶式」を終えたあと、植物学者ルーサー・バーバンク (Luther Burbank, 1849-1926) と共に台湾喫茶店にも立ち寄っています。エジソンは日本に行きたいと語り、『日米新聞』(英名 Japanese American) の記者の所望に応えて「ジャパニーズ・アメリカンへ」と書き添えたサインも残していきました【図7-18】*56。

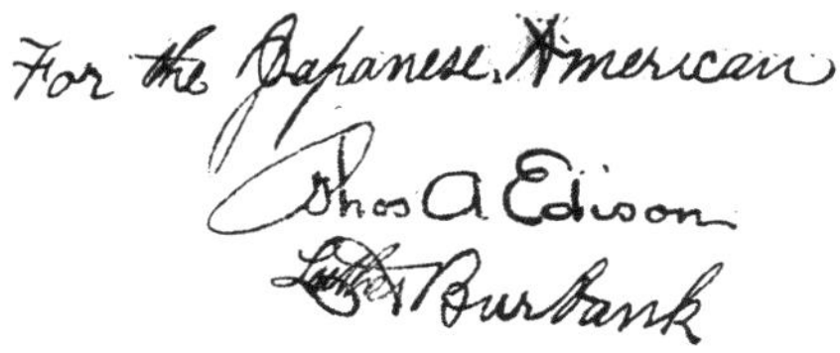

For the Japanese American
Thos A Edison
Luther Burbank

図7-18　エジソンとバーバンクのサイン(『日米新聞』1915年10月26日付)

　以上みてきたように、サンフランシスコ万博では在米邦人の関与が大きくなってきました。万博の準備段階から、サンフランシスコで邦字新聞を発行していた新世界新聞社は、アメリカ在留の日本人を対象に『巴奈馬太平洋万国大博覧会』(1913-14) を刊行しています。第一巻、第二巻共に300ページ以上のボリュームで、過去の万博の歴史から参加準備、サンフランシスコの観光名所など幅広く取り上げ、付録には在米日本人の住所録を掲載していました*57。現地の邦人向けメディアも同調し、サンフランシスコ万博の参加を促していたことがうかがえます。

　以降のフィラデルフィア万博 (1926) やシカゴ万博 (1933) でも日系人が活躍し、昭和期には日系2世が喫茶店に華を添えることになります。

第8章

シカゴ万国博覧会

A century of progress International Exposition

吉野亜湖

図　シカゴ万博会場の鳥瞰図[*1]

会期	1933（昭和8）年5月27日〜11月12日 1934（昭和9）年5月26日〜10月31日
開催地	アメリカ合衆国・イリノイ州シカゴ

—◌ 博覧会概要 ◌—

　1933（昭和8）年に開催された2度目のシカゴ万博は、シカゴ市の市制100周年にあたることから、「進歩の一世紀」をテーマに、ミシガン湖畔で開催されました。日本を含めた21か国が参加し、来場者数は約2千200万人を数え、大成功を収めました。

　そのため、当初1933年11月12日までの予定でしたが、1934年5月26日から10月31日までの開催が追加されました。日本は1934年には参加しませんでしたが、日本喫茶店は在米邦人の神宮栄蔵<ruby>神宮栄蔵<rt>じんぐうえいぞう</rt></ruby>に委託して運営されていました。

—◌ 見どころ ◌—

　シカゴ万博の喫茶室では、抹茶アイスティーが人気を呼びました。アメリカでの日本茶の需要が落ちていた時でしたので、日本茶業界は抹茶に活路を見出すことになります。

　また、茶室がテーブルと椅子（立礼式<ruby>立礼<rt>りゅうれい</rt></ruby>式）になったことも画期的です。さらに、この万博ではステージで茶道のお点前が披露され、全米にラジオを通じて放送されました。

❖ アメリカを魅了した抹茶アイスティー

　日本は鎌倉時代と桃山時代の様式に現代の要素を取り入れた本館【図8-1】を建築して参加しました。日本式庭園を備え、その庭園の設計は在米邦人で造園家の大塚太郎（おおつか たろう）(1868-1940) に依頼しています。また、本館の左翼館は蚕糸（さんし）組合の展示場、右翼館には茶業組合中央会議所による喫茶室（ティーホール）が設置されました【図8-2】*2。

　日本喫茶室は約40坪で100席ほどの規模でしたが、連日満席の盛況ぶりでした。その理由は、会期のほとんどが暑い季節で抹茶アイスティーが

図8-1　正面から見た日本館と庭園（イェール大学図書館蔵）（活字は引用者）

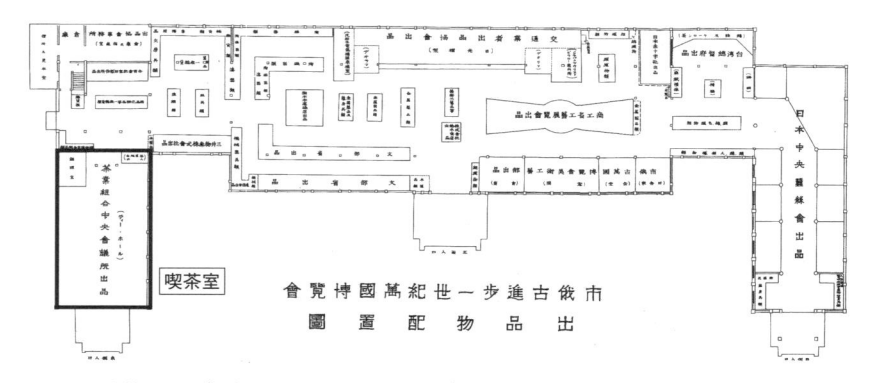

図8-2　日本館平面図（四角で強調した部分が喫茶室）

図8-3　日本喫茶室の内観

予想外の大人気だったためで、会期中に85貫（約319kg）の抹茶を工面する
のに苦労したと報告されています*3。

　喫茶室の内観を写した写真【図8-3】*4からも、多くのテーブルにアイス
ティー用のグラスが並んでいる様子がうかがえます。

❖ 日系人考案のメニュー

　抹茶席以外で万博の喫茶室メニューに抹茶が登場するのは、1926（大正
15）年にアメリカで開催されたフィラデルフィア万博からでした。それ以前は、
抹茶は茶席でお点前を通じて提供される形でしたので、画期的なメニュー
構成といえます。喫茶室の運営が、日本からの派遣員ではなく、テキサス
州サンアントニオで「神宮喫茶店」を営む神宮栄蔵が担当し、在米邦人な
らではの現地の嗜好に合わせたメニューが組まれるようになったのです。

　シカゴ万博の抹茶アイスティーのルーツはここにありますので、次頁に
公式報告書に掲載されたフィラデルフィア万博の日本喫茶室メニューから
茶に関するものを抜粋して示します*5。

　飲料の欄に「緑茶」とあるのは煎茶で、「特別品」の茶は抹茶（薄茶）だと
考えられます。「茶ポンス」とは炭酸で割ったティー・パンチのことでしょう。

飲料

日本緑茶　菓子共　15c

同上（別製）　同　20c

氷冷日本緑茶　同　15c

レモン茶　　　同　25c

果実レモン茶（薄切蜜柑、パインアップル、桜桃）　30c

特別品

茶ポンス　20c

果実レモン茶　30c

茶アイスクリーム　35c

薄茶煎餅　20c

　この喫茶店は蟹缶詰輸入商連合会と共同出資でしたので、試食宣伝として蟹サンドイッチや蟹サラダなどの軽食も提供されていました。

　この「茶ポンス」ですが、実際に現代に再現し、体験できる場所があります。筆者が江戸の茶店再現で監修をつとめた「お茶の文化創造博物館」（東京都港区東新橋）のカフェ・ショップで、お茶を通じた歴史体験をできないかとメニューを提案したところ、採用となりました。すでに大正時代にフルーツティーや炭酸割など、アレンジティーが存在していた歴史を、飲み物を通じて感じていただける場になっていけばと願っています。

❖ 抹茶はアイスで煎茶はホットで

　シカゴ万博（1933）の日本喫茶室のメニューも神宮の案です。英文では、アイスティーは抹茶、ホットは煎茶と区分けされていましたので、以下にシカゴ万博の日本喫茶室のドリンクメニューを英語のまま引用します[6]。

　『日本茶業史　続編』（1936）に記録されている日本語のメニューには「ア

《シカゴ万博の茶のメニュー》

JAPAN TEA HALL

(Cold Drinks)

Ceremonial Iced Tea with rice cake　10c

Ceremonial Tea Lemonade　15c

(Hot Drinks)

Genuine Japan Green Tea, pot, with rice cake　10c

イスチー」と「ホットチー」とし
か書いていないため、茶種の
区別がつきませんでした[*7]。
そこで英文のメニューを参照
したところ、アイスティーには
抹茶を用いていたことが判明
したのです(「セレモニアルティー」
が抹茶であることは5章107頁で述
べた通り)。

　一方、「Genuine」とは純
正(ピュア)または本物(オーセン
ティック)という意味を持ちます
ので、上質な緑茶(煎茶と玉緑
茶)をポットサービスでライス

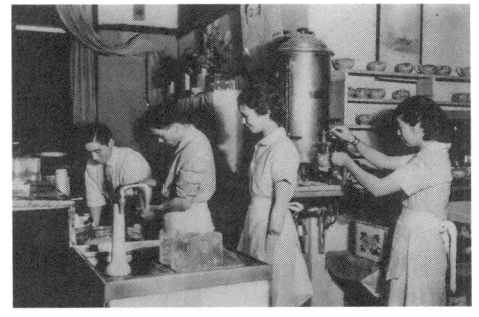

図8-4　日本喫茶室のキッチン(上)と什器(下)

ケーキ(煎餅3枚)を添えて提供していたようです[*8]。

　どのようなポットが使用されたのかは、喫茶室のキッチンで抹茶アイス
ティーを作る様子を写した写真【図8-4】[*9]から垣間見ることができます。右
上にポットが並んでおり、その下に浮世絵が貼られた茶箱も見えます。

　そして喫茶室の什器の写真も残っていました。ポットだけでなく、アイス

クリームサーバーやシェイカーもあります。シェイカーは「アイス用」と解説されています。アイスクリーム製造に使ったのか、もしくは、抹茶アイスティーは「2合のカップに抹茶を茶匙3分の1または4分の1入れ、砂糖と冷水、氷を加えて強く振る」[10]とレシピが残されているため、こちらにシェイカーを使用していたのかもしれません。このレシピでは、

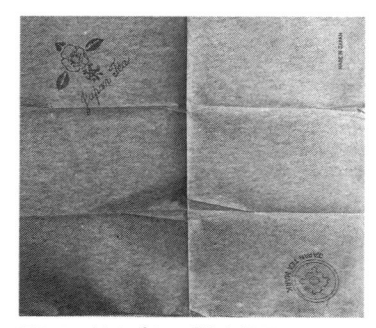

図8-5　紙ナプキン（筆者撮影　イリノイ大学図書館蔵）

「レモン、パイナップル、サクランボを添えて出す」と指示しているので、現代でいえば「フルーツティー」でしょう。写真にあるシュガーポットはテーブルの上に常備していたそうです。

　什器の写真にない紙ナプキンも、アメリカ（イリノイ大学図書館）に保存されていました。白地に緑色で茶葉が描かれています。ナプキンを大事に持ち帰った客がいたのでしょう【図8-5】。

　「本日のスペシャル」として、「抹茶のフルーツ・アイスティー」や「抹茶アイスクリーム」もメニューにありました。また、日系企業から支援を得て鮪缶を用いたサラダやサンドイッチも提供されていました[11]。

　万博終了後の報告で、アメリカ人の嗜好は「雑駁」（雑然として統一がないこと）で、「茶には必ず砂糖やレモンをいれて呑むといふ有様で、嗜好よりも安価が最も大切な条件」と述べられています[12]。そのため、安価な番茶に香りを加えたフレーバーティーを作ることや、抹茶はアイスティー、アイスクリームやチョコレートの原料としての可能性を見出し、従来の茶道用の抹茶よりも下級品で色が優れていれば加工用に適した輸出品となる、と提案されました[13]。

　当時はこれらの提案が実現に至らないまま第二次世界大戦を迎えましたが、現代になって抹茶の下級品で色が良いものが、抹茶オーレや菓子類の原料としてアメリカへの輸出量を増やしています。100年ほど前の茶業者たちに聞かせたい話です。

❖ 活躍する日系2世

　この万博は、神宮の娘2名を
含めた日系2世の女子10名を給
仕者として雇って喫茶室を運営し
たことに特徴があります*14。日本
人移民の次世代がアメリカで育っ

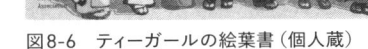

図8-6　ティーガールの絵葉書（個人蔵）

ていた時期だとわかります。この万博でも着物を着た「ティーガール」たち
は、絵葉書にもなり日本茶広告の最前線で活躍していました【図8-6】。

❖ 茶室の命名者はあの益田鈍翁

　抹茶が喫茶室で飲み物として提供されるようになると、万博における茶
室の役割は変化したのでしょうか。次に茶室について見ていきましょう。

　このシカゴ万博でも、茶室の運営は、日本茶の宣伝広告を目的に茶業
組合中央会議所が担当していました。

　茶業組合中央会議所の会頭であった中村圓一郎（1867-1945）が三井物産
の益田孝（鈍翁、1848-1938）と相談し、シカゴ万博に茶室を建て「茶会を見
せるのが有意義」と決まったそうです*15。

　建築に関わる費用一切は鈍翁が負担し、茶室の設計は三井八郎右衛
門（三井家当主）が行い、三井家出入りの棟梁が小田原の三井宅で一度組
み上げ、解体してからシカゴへ輸送されました。当然ながら、一切の用材
は国産品です。また、茶庭の石灯籠、手水鉢、飛石も日本から送り、芝
生や樹木以外は全て日本製という鈍翁のこだわりが見られます*16。

　客席は10畳の広さで「数寄屋風」に仕上げていますが、畳ではなく瓦を
敷き詰め、椅子に腰かける「立礼式」が採用されました*17。国内の博覧会
では、1872（明治5）年の京都博覧会の際、裏千家十一代玄々斎が、外国
の人も茶席に参加できるようにと立礼（点茶盤）を考案していましたが、海外

図8-7　茶室外観（上）、内観（右上）、茶庭（右下）

の万博で立礼式の茶室が建築されたのはこの時が初めてだと思われます【図8-7】[18]。

　万全の準備をもって現地に茶室を運び入れましたが、ハプニングが起こります。華奢な茶室はミシガン湖畔から吹き上げてくる強風に耐えられないことが判明し、補強工事が必要となり、茶室は日本館の開館よりも遅れてのスタートとなりました。

　茶室の名称は、鈍翁が「お茶を通じて日米が親しく交わる」という願いを込め「隣交亭（りんこうてい）」と名付けました[19]。その意図は、現地の大手新聞『シカゴ・トリビューン』（1933年7月15日付）で、茶室名は「長年日米友好に尽力してきた益田孝（86歳）の思いを表現した」と紹介されました。そして、正座が苦手な西洋人に配慮し、テーブルと椅子を用いたことも、鈍翁の深い思いやりとして伝えられたのです[20]。

❖ お点前の担当者

　茶道の点前を担当したのは、外科医の令嬢近藤千蔭（こんどうちかげ）（20歳）で、小堀家で遠州流の茶道を学び、鈍翁宅に幼いころから頻繁に出入りしていたそうです。運び役として日清生命社員の令嬢隆廣子（たかひろこ）（23歳）と、通訳として青山学院の講師であったマーガレット・アイグルハート（22歳）が同行しました[21]。

図8-8[22]の写真では、近藤千蔭が点てた茶を、隆廣子が受け取っている姿が写っています。図8-9[23]で立礼式の客席の後ろに立っている外国人女性が、通訳のマーガレット・アイグルハートでしょう。

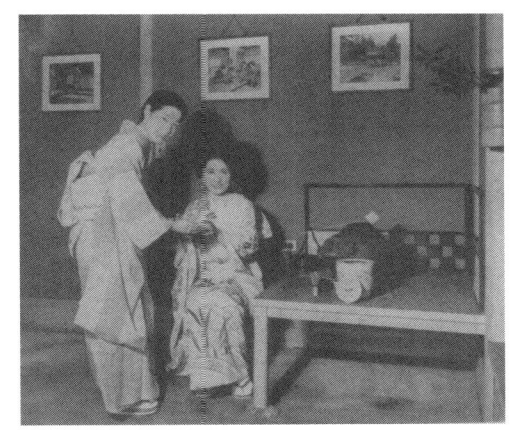

図8-8　茶室の点前座

近藤千蔭は、茶道の専門雑誌『茶道月報』に、シカゴ万博へ向けた意気込みを語っています。点前を担当することになったいきさつは、鈍翁と中村圓一郎がシカゴ万博の茶室について話していた時に偶然居合わせ、その場で決まったそうです。母校の東京成蹊女学校（現成蹊学園）では、学長の奥田正造（1884-1950）から「心をどこにも偏在させず、

図8-9　茶室の客席（丸は引用者）

いつでもどこでも何事でもできるよう、人と快く生活していくためのお茶」を学んだので、外国人向けに誇張することはせず、「本当のところの日本精神」を、全員は無理でも興味がある方にわかっていただきたい、と述べています[24]。

彼女自身は、日本茶の宣伝という意識はなく、日本の文化を紹介することを前提に万博に向かったようです。

❖ 茶道で日本茶を売る？

　万博事務局が考えていた茶室および茶道の役割は、公式報告書に以下のように記されてました[25]。

> （茶道の）実演は頗る人気を集め、参観希望者が多く、管理者はこの整理に悩まされるほどであった。博覧会事務局、知名の士、婦人社交団体、東洋研究家等の多方面の人士を招待し、日米親善と東洋趣味の鼓舞に努めるところがあった。

　一方、喫茶室については「緑茶の販路拡張を図るため」が主目的とあり、同じ茶業組合中央会議所の運営でしたが、役割ははっきり区別されています。また、公式報告書では、日本茶の需要がアメリカで落ち込み始めた時期であったため、喫茶室でアメリカ人が抹茶を好むことがわかり「光明」を見たと喜んでいます。しかし、茶室は限定した人数しか入れないので「緑茶飲用の知識を普及」する役割は低く、「緑茶を宣伝するに著しき効果があったとは認められない」という評価を下しています。万博事務局では茶室には、宣伝よりも文化紹介の役割に価値をみていたようです[26]。

　一方、茶業界側が期待する茶室の役割は、「幽玄なる日本茶道を以ってヤンキー連の頭を柔げ併せて日本茶宣伝に資せん」と、あくまで宣伝第一でした[27]。直接的でなくても、イメージ広告として有効だと考えていたようです。

　静岡県茶業組合連合会議所の理事宮本雄一郎は、万博の「茶業日」（8月25日）のスピーチで、万博出品の目的は2つあると語っています。一つは「茶を売ること」、そしてもう一つは「日本の文化生活並びに精神哲学」を紹介することだとし、以下のように述べました[28]。（以下筆者要約）

> 日本人の性格ほど、アメリカ人に誤解されているものはありません。そ

のため、私共は万博に出品し、「茶の湯」を御覧に入れるのであります。私共をお好きでない以上、私共の茶はお買いにならないでしょう。私共をご理解下さらない以上、好いて下さるわけはありません。「茶の湯」の哲学を知ることは、日本人を知る最良の道であります。

　茶道によって日本を正しく知ってもらい、その上で日本茶の好感度を高めていこうとする茶業界の目的意識が示されています。また、万博期間中に「アメリカ茶卸売商懇談会」を催し、そこで出張点前を行うなど、日本茶の輸出促進の場でも茶業界の期待する役割を果たしていました[*29]。

　茶室には暖房がなかったため7～9月の夏の内だけの午後1時～4時まで開催し、日曜休みとしたので、実質60日程度しか稼働しませんでした。参加希望者は毎日100名以上におよび対応が難しかったが、茶業界側は来客に「深い印象を与えた」と満足していました[*30]。

　第5章で述べましたが、会期後に茶室は、前のシカゴ万博（1893）で寄贈された「鳳凰殿」と同じくジャクソンパーク内に移築されました[*31]。第二次世界大戦前まで、鳳凰殿には日本商品が陳列され、在米邦人の大里ショウジ（1885-1955）によって日本茶喫茶店が運営されていたので、シカゴ万博の日本館が継続しているかのような場が市民に開放されていたのです[*32]。

❖ アメリカ人記者が見た茶道

　茶席に入った『シカゴ・トリビューン』（1933年7月15日付）の記者は、「茶は日本人にとって儀式である」と報道しました[*33]。（以下筆者要訳）

　アメリカ人にとって茶は、サンドイッチや政治論を交わすときのお供だろうが、日本人には薩摩茶碗と優雅な礼と共にあり、意味深い哲学、精神性を含んだ神々しい儀式である。小さな竹の家で近藤千蔭が茶を点て、それを運ぶ隆廣子も優雅な所作で客を魅了した。近藤は、通訳の

マーガレット・アイグルハートを介し「茶席では、芸術的な話題以外は致しません。茶席の中の美やそれを導くような話をします」と語った。茶礼式 (tea ceremony) は一生かけて学ぶものだとされる。

　席中で茶道具の解説があったようで、一つひとつの道具について述べられています。また、記事中に、「日本では炭を使うが、ここでは電気を用いていた」とありました。明治後期のセントルイス万博 (1904) では炭を用いていたと推定しましたが、昭和のシカゴ万博 (1933) では電気で釜の湯を沸かしていたと判明しました。茶道をしている者にとっては興味津々の話題です。

　抹茶そのものに関しては、懐紙にのせられた甘い米粉菓子を客が食べている間に粛々と点前がすすめられ、「薩摩焼の茶碗に泡立った緑茶」が運ばれてきた、とあるくらいで、味などの描写は見られません。

　同様に『日米新聞』(1933 年 7 月 19 日付) の記事でも、新聞記者を招待した茶席で、外交官の中澤健が「茶道哲学」と称すべき論理を説明したことで絶大な好印象を与えた、と伝えていますが、抹茶については記載がありません[34]。公式報告書で述べられていたように、直接的に茶そのものへの関心を高める場ではなかったようです。

❖ ラジオ実況もされた茶道デモンストレーション

　この万博では、ステージを制作して大衆の前で茶道の点前が披露されました【図8-10】[35]。8 月 25 日の「茶業日」に、各国のクイーン (美人コンテストの) を招き、数千の観客の前でデモンストレーションが行われたのです。解説はマイクを使ってスピーカーで流されました。これほどの大衆の眼前での点前は緊張するかと思われましたが、点前役の近藤千蔭は臆することなく「手さばき鮮やか」で落ち着いたものだったそうです。茶席の様子は NBC ラジオで全米に放送されました[36]。

　これまでの万博では茶席という密室の中で行われてきた茶道が大舞台

図8-10　「茶業日」のステージ（左）と観客席（右）

で披露され、一目見ようと集まった多くの客に、見本茶や宣伝用小冊子などが配布されました。

　シカゴ万博で配布された日本茶の販促用小冊子の一つは、1931（昭和6）年初版の『日本緑茶は世界の至宝』です【図8-11】。「日本緑茶は世界の至宝（Japan Green Tea is a World Treasure）」とは、1924（大正13）年にウイリアム・ユーカースが『ALL　ABOUT　TEA』の取材のため来日したときに、大谷嘉兵衛（当時の茶業組合中央会議所会頭）が歓迎スピーチで述べた言葉です。

大谷は、日本の風土気候と日本人の淡白を好み清楚を愛する国民性が生み出した日本緑茶は「世界無二」のものだ、と紹介したのです[37]。日本緑茶の真味を理解することは、すなわち日本文化の概念を会得する近道と述べていました。大谷の言をタイトルにした小冊子の内容は全24頁で、日本茶の淹れ方、栽培・製造から流通、成分、そして歴史から茶道の茶会まで紹介されています。

　さらにもう一冊、鈍翁と親交があった茶人福喜多靖之助（1874-1944）が茶室「隣交亭」と茶道について解説した小冊子『一服の抹茶（A Bowl of Ceremonial Tea）』もありました

図8-11　『日本緑茶は世界の至宝』（個人蔵）

【図8-12】。茶道の紹介を入り口としながら、茶にビタミンCとAが含まれていることなど効能の情報も含まれています。裏表紙に、もっと知りたい人は「福喜多が著した『茶の湯 (Cha-no-yu)』[*38]という本があるので茶業組合中央会議所にお申し込みください」とも記されています。

図8-12 『一服の抹茶』(個人蔵)

　茶道の情報は、日本茶の紹介に活用されると共に、茶業界の広告宣伝を通じて全米に広まっていった面もあるのです。

❖ 江戸風のお茶屋で販売

　喫茶室の入り口には江戸風のお茶屋(茶舗)がつくられ、そこに出品茶が陳列されました。展示品の茶は、10日ごとに新しいものと入れ替える徹底ぶりです。茶種は以下の通りです[*39]。

　　輸出用煎茶(パン・ファイヤード、バスケット・ファイヤード、アイノ茶)
　　玉緑茶
　　紅茶(オレンジ・ペコー、ペコー、BOP、BP、スーチョン、ダスト)
　　固形緑茶
　　京都製(碾茶、抹茶、玉露、煎茶)

　紅茶の種類も様々揃っています。大正期以降は日本で積極的に紅茶の製造研究が進められていましたので、アメリカでも商機を得たいと考えていたようです。

　展示とは別に売店が設けられ、茶葉や扇子、絵葉書、竹人形なども販売されていました。ノベルティグッズを写した写真【図8-13】[*40]には、小冊子『日本茶は世界の至宝』が左手奥に見えます。当初、全て無料配布の予

図8-13　売店に並ぶノベルティグッズ

定でしたが、アメリカの茶商ヘリヤ商会から「アメリカ人は無料を喜ばない」とのアドバイスに従い、売店で有料（1冊1セント）で販売もしていました。

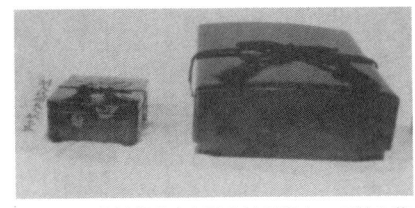

図8-14　大統領夫人と副大統領婦人への献上茶

　ちなみに、ルーズベルト大統領夫人には、蒔絵缶に詰めたパン・ファイヤードの煎茶を献上したそうです。**図8-14**[41]の右側の大箱が大統領夫人用で、左の小さい方は副大統領夫人にプレゼントされたものです。

　在シカゴ領事から茶業界に、シカゴ万博は日本茶の出品も含めて「大成功」だったと報告されています。同年度の日本茶輸出量は近年にない好成績で、1万3千600トン以上になったことから、『静岡県茶業史　続編』でも「飲ませて売る」シカゴ万博の作戦を評価していました[42]。

　次の大きな万博であるニューヨーク万博（1939）では、茶業組合が直接参加をしていないことも含め、喫茶の場も本館の一隅で休憩所のようになり、茶室は工芸品のPRに活用するくらいで影が薄くなっていきます。戦前期の万博における喫茶店広告や茶道による日本茶紹介は、昭和のシカゴ万博（1933）が近代の経験蓄積を踏まえた最高到達点であったのでしょう。

台湾喫茶店と万博

井戸幸一

　本編となる第1章から8章では、ヨーロッパやアメリカにおける万博での日本茶の展開を見てきました。日本喫茶店の設置や茶葉の出品や販売、茶道の影響や関わり方、関わった人々をめぐるエピソードなど、そこには歴史的な事実と多くのドラマがありました。この附章では、日本茶と万博を語る上で欠かせないテーマ「台湾喫茶店」について紹介していきます。

　近代の万博及び国際博覧会における「台湾喫茶店」と「日本喫茶店」の設置状況を**表1**に整理してみました*1。1900年以降からの約30年間にかけて、日本喫茶店とほぼ等しく開設されたことが見てとれます。どのような喫茶店であったのか？ なぜ設置されたのか？ 日本喫茶店との関係性も含めて、その歴史をひもといてみましょう。

❖ 内国博覧会に見る「台湾喫茶店」の基本モデル

　1895（明治28）年、日清戦争に勝利した日本は、下関条約に基づいて台湾を清国から割譲され、植民地として領有するために台湾総督府を設置します。以後、台湾総督府の補助を得て万博で台湾喫茶店が設置されていくことになります。

　日本は海外の万博を意識しながら、各府県の物産開発を奨励して国内の殖産興業に資するために、内国勧業博覧会を開催します。第5回まで開催され、大阪で1903（明治36）年に開催されたこの第5回内国勧業博覧会で、初めて「台湾喫茶店」が設置されました。

No.	年代・名称	台湾喫茶店	茶店 （日本喫茶店）
1	1867　第2回パリ万博	×	×
2	1873　ウィーン万博	×	×
3	1876　フィラデルフィア万博	×	×
4	1878　第3回パリ万博	×	×
5	1889　第4回パリ万博	×	×
6	1893　シカゴ万博	×	●
7	1898　オマハ万博	×	●
8	1900　第5回パリ万博	△	●
9	1904　セントルイス万博	●	●
10	1905　ルイス・クラーク100年記念万博	●	×
11	1907　ジェームズタウン入植300周年記念博覧会	●	×
12	1908　万国装飾技術及家具博覧会	●	×
13	1909　アラスカ・ユーコン万博	●	●
14	1910　日英博覧会	●	●
15	1915　サンフランシスコ万博	●	●
16	1915-16　サンディエゴ万博	●	●
17	1925　第6回パリ万博	●	●
18	1926　フィラデルフィア万博	●	●
19	1930　リエージュ万博	●	×
20	1933　シカゴ万博	×	●
21	1935-36　カリフォルニア太平洋国際博覧会	×	●
22	1937　第7回パリ万博	×	●
23	1939　サンフランシスコ万博	△	●
24	1939-40　ニューヨーク万博	△	△

表1〔万博及び国際博覧会における台湾喫茶店と日本喫茶店の開設〕
　●……「台湾総督府」や「茶業組合」が運営に関わった喫茶店
　△……独立の建物を持たないが喫茶スペースなどが設置された事例
　×……管見の限りで史料上確認できずおそらく不設置

　その後も、国内の大小の博覧会で、1930年代後半までほぼ毎年開設されました。台湾喫茶店についての研究は少ないのですが、日本国内で行われた内国勧業博覧会を中心とした台湾喫茶店を取り上げた樺島彩波氏の研究が手がかりとなります[*2]。

　樺島氏によれば、国内開設の台湾喫茶店の第1の目的は、内地で消費される輸入紅茶の代替として烏龍茶を広めることにありました。その宣伝のために喫茶店で纏足の台湾人女性に給仕させるスタイルを取ります。ネイティブの女性を給仕に採用することは1900（明治33）年の第5回パリ万博に

おけるインド・スリランカ喫茶店や日本喫茶店にならった手法でした。

また、内国勧業博覧会の台湾喫茶店は、台湾館の敷地内に設けられ、台湾独自の建築スタイルを示していました【**図A-1**】*3。台湾料理の店やその他飲食店、売店などと並んだ構成の中で台湾固有の建築を再現し、室

図A-1　第5回内国勧業博覧会の台湾館

内の調度もそれに対応した竹椅子や書画が準備されました。これらは、日本人に植民地台湾の姿を知らしめるというイデオロギーを重視する第二の目的とも密接に関係しています。また、運営については民間に委託し、総督府が補助金を提供する形となっていました。このような第5回内国勧業博覧会の台湾喫茶店の経営方針や運営方法が、以後の国内外の博覧会における基本的モデルとなりました。

❖ パリ万博における台湾茶の提供

　第5回内国勧業博覧会 (1903) が台湾喫茶店の基本となったことを示しましたが、1900 (明治33) 年の第5回パリ万博は国内に先行しており、もしこれが最初の台湾喫茶店ならば、特に注目する必要があります。そのため、パリ万博から見ていきましょう。

　19世紀末、来るべき20世紀を展望するこの万博は、華やかでフランスの優位性を示す意図をもって開催され、この万博を機にアール・ヌーヴォーが流行したことも多くの人々に記憶されています。一方で、植民地のパビリオン群が設置され、この中に日本も参加するなど、歴史的には光と影を宿した側面を持っていました。

　日本側事務局の報告書*4によると、台湾総督府は今回の万博を世界に台湾を公示する絶好の機会と捉え、台湾茶を陳列出品するだけでは販路拡張の目的を達するのに充分ではないと判断し、喫茶店を設けて茶の配

布を行うことを決定しました。そのため、台北茶商公会に2万5千円を補助金として与えました。当時の総督府は台湾茶の宣伝活動において、あくまで経営補助で直接的な運営をしない、輸出の対外宣伝は実務者に委託する方式を取っていました。

この万博では台湾喫茶店が個別に建てられたのではなく、日本喫茶店のメニューの一つに台湾茶を提供する形に落ち着いたようです。この報告書の中に引用される当時の「業務規則」第2条の中では、日本喫茶店で提供する製茶を、紅茶・普通煎茶・玉露製煎茶・抹茶の他、「烏龍茶・包種茶」を含めて6種と定めています。第1条では総督府の命を受けるには予め博覧会事務局の承認を受けること、第11条で台北茶商公会の照会については臨機に応じることが定められていることから、日本喫茶店の運営に対して総督府及び台北茶商公会の関与は間接的であったことも判明しました。

事情は定かではありませんが、この万博なりの特殊な状況もあったのかもしれません。茶業組合中央会議所からの設計書提出が遅れ、現地ではフランスの万博事務局の承認期限が迫ったため、現地の日本側事務官長自らが建物の設計を行いました。茶業組合中央会議所からの人員手配もなかったため、建築一切も日本の事務局で手配を行いました[*5]。

パリ万博の日本喫茶店の準備が遅れた理由には、当時の輸出の関心の大部分がアメリカ大陸に向いていたこと、前年にはアメリカのオマハ万博に日本喫茶店を出店していること、当時はアメリカの関税問題に揺れ、その対応に追われていたことなどの諸事情が背景にあるのかもしれません。茶業組合中央会議所からの要望を入れつつ、現地ではかなり急いで準備を行った様子がうかがえます。

なお、大きな意味で茶業組合中央会議所による日本喫茶店と共同で台北茶商公会が台湾喫茶店を開設したと言いたいところですが、本邦風の建物であり、事業の概況からも日本喫茶店のメニューに烏龍茶や包種茶などが組み込まれたと理解でき、単独の台湾喫茶店ではありませんでした。そのため、**表1**の一覧表には△で記しました。運営は、茶業組合中央会議所が主体であるのが実態でした[*6]。ちなみに、パリ万博の日本事務局

の公式報告書における日本喫茶店の評価は厳しく、隣接するスリランカの茶店が「顧客常に充満したる」のに対して「本邦の茶店は概ね寂寥の感ありしや」と嘆いています*7。一方で帰朝した喫茶店の派遣委員3名は、4月中は準備整頓不足のため盛況でなかったが、以後は好意的な反応が多く好成績であったと述べています*8。このように各報告書により視点が異なることがあることも指摘しておきます。

❖ 台湾茶とは何か？

　台湾喫茶店を理解するために、台湾茶についての基本的な事柄を押さえておきましょう。近代の主な台湾茶は、烏龍茶と包種茶と紅茶の3種類です。

　烏龍茶は当初、台湾の対岸にある中国の厦門を経由して輸出され、欧米では発酵度の高い台湾の烏龍茶は紅茶の一種として扱われ、主にブレンド用に用いられていました。当時茶の消費量はイギリスとアメリカで増大し続けており、中国茶の品質低下も伴い、その旺盛な需要に台湾が寄与することが期待されました。後にイギリスはインド・セイロンの2大茶産地を確保し、（福州・厦門・台湾の）烏龍茶はアメリカ市場で競争を繰り広げました。しかしながら、1870年代になると、烏龍茶の輸出が飛躍的に増大した結果、作れば売れる好況のもと粗製濫造が横行します。品質低下から輸出が落ち込み、1872年には大量の在庫が発生しました。

　この在庫処分策として1880年代に案出されたのが、ジャスミンなど花香を烏龍茶に付けた包種茶でした。包種茶は主に、ジャワやシャムなど東南アジアの華僑に好まれ輸出されました。包種茶の生産量は上がり、烏龍茶とほぼ同量となるまで生産は拡大します。

　一方、一番後発になる紅茶の本格的な生産は、日本の台湾統治以後となり、三井合名会社による茶園経営や台湾総督府による茶業試験場などでの試作を経て、1920年代になると三井は台湾北部で本格的な製造を開始しました。日本初の国産ブランド紅茶「三井紅茶」の発売は1927（昭和2）

年のことでした。さらにアッサム種による台湾紅茶の製造が始まると品質の評価が高くなり、海外輸出も1930年代には盛んになりました。

このような流れの中で、販路拡大を目指して万博に開設された台湾喫茶店は、大きなチャレンジでもあったのです。

❖ 独自のアピールに挑戦するセントルイス万博の台湾喫茶店

先の第5回パリ万博(1900)に比べ、大変な意気込みで台湾総督府はセントルイス万博(1904)に臨みました。日本側の公式報告書を見ていくと、「同島の富源を展示し、その重要産物の販路を拡張」することを目的に、予算も出品規模にも力を入れたことがわかります*9。建築工事や出品陳列などの指揮に技師を派遣し、台湾館と一体型の台湾喫茶店が打ち出されました。

日本喫茶店も担当する千葉出身の茶商山口鉄之助ほか5名による、「烏龍茶の真味を万国公衆に周知せしめ、販路を拡張する」目的での喫茶店設置の出願を受け入れ、建築と景品の無料配布を条件に総督府から補助を与えることになります。飲料や配布用の茶葉の供給は台北茶商公会が担い、委員1名と婦人2名を派遣します。総督府は山口らの監督を介して台湾喫茶店の経営を積極的に把握するため、「命令書」を定めています*10。補助金の請求には詳細な理由を求め、開設人の脱退の際は認可を、現地店員の雇用では姓名の報告を求めるなどしました。開会中の客数や状況を細かく報告させる一方で、雛形を渡して団扇など2万5千本を特別配布させるなど、配布物の内容もしっかり管理しました。

この命令書の四は、建築について設計から完成後に

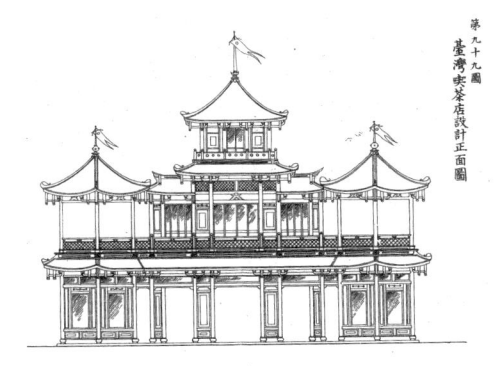

第九十九圖　臺灣喫茶店設計正面圖

図A-2　台湾喫茶店の設計図面

至るまで指示に従うように述べられていますが、そこで「日本内地喫茶店との区別を明確にし、経済を独立させるのはもちろん」という注目したい文言があります*11。建物的にも区画的にも日本喫茶店とは別にして、経済的にも独立したものであることが志向されています。一方で「喫茶料は内地喫茶店と同一」とする文言もあり、実績で先行する日本喫茶店を意識しつつ、独自の特色をアピールすることに腐心していました。建物の雰囲気については、台湾喫茶店の設計図面が残されています【図A-2】*12。

❖ 提供されたのは紅茶か烏龍茶か？

　台湾喫茶店は純粋な台湾風の家屋で、その中で日本語のできる（実際には帰化清人の）2名の台湾人少女と2名の男性が接客にあたり、装飾に数百の紅燈（赤い紙を張った丸い小さな提灯）を用いて*13、台湾らしさを出していました。もちろん、台湾の産物の宣伝というだけでなく、西欧諸国と同様な近代国家、すなわち植民地を持つ国という面をアピールするという目的も如実に現れていました*14。

　報告書には、営業成績についても、台湾喫茶店と日本喫茶店が並記されています。さて、結果はどうだったでしょうか？

　6月から12月までの7か月間、日数にして延べ153日でした。喫茶人員は日本喫茶店の16万1千634人に対して、台湾喫茶店は9万9千744人を数えました。最初の6月のみ台湾喫茶店が勝っており、以後は日本喫茶店が常に上回っていました。10万人には届かずですが、よく健闘したといっていいのではないでしょうか。

　この報告書では、日本喫茶店は緑茶を提供したのですが、成績部分で唐突に台湾喫茶店は「紅茶」を提供したとあります*15。この疑問については本編第6章ですでにそれを解説しています。ここでは台湾喫茶店の立場から、紅茶が供されなかった理由を追加で提示します。

　第一に、この時期は台湾では紅茶の生産体制が整っていませんでした。試験場開設段階のため、安定的な供給は無理だったはずです。同様の理

由で、先行する第5回パリ万博も紅茶は同様に台湾産ではないと考えられています。

　第二は単純に、茶葉を供給する団体、台北茶商公会自体が紅茶を扱う団体ではないということです。この団体の前身「茶郊永和興」は烏龍茶商人に働きかけてできたもので、1898年の改称時には包種茶の組合も統合されています[*16]。業界団体としては主要な台湾茶である「烏龍茶」の販売に関心があるはずなのは明らかです。

　第三にこれが目的としては一番重要かもしれませんが、当時の総督府は、アメリカ市場に紅茶に代わりうるものとして、烏龍茶の販路拡大を目指したという点です[*17]。前節「台湾茶とは何か？」でも述べていますが、台湾の烏龍茶は発酵度が高く、欧米では紅茶の一種として扱われている歴史がありました。その独特の香味をもって、目指すはアメリカ市場でした。

　第四は、第6章でも述べましたが、実際の台湾館（台湾喫茶店）の看板に烏龍茶が明示されていたことです。明治37（1904）年7月13日付「東京朝日新聞」（7頁）の記事「聖路易博覧会　日本政府館落成式」によれば、「正面の上部にはフヲルモサ即ち臺灣なる英文を筆太に記し烏龍茶も並び筆太に記されたる」とあります。第6章の台湾館の写真を拡大してみると、まさしくそこには「OOLONG TEA」とあるのが発見できました【図A-3】。おそらくその上部には、「FORMOSA」ともあったのでしょう。

　落成式の時に、実際に台湾館では烏龍茶を、金閣寺では緑茶を出していて、喫茶の見本として客人には烏龍茶及び緑茶が与えられたので、新聞記事は「中中の奮発にてありし」と記録しています。予行演習的な意味合いのイベントでもしっかり烏龍茶が提供されていたのです。第5回パリ万博では協力、事実上はセ

図A-3　台湾館の外観及び拡大

ントルイス万博が始まりとするならば、海外の万博で初めて台湾喫茶店で烏龍茶が提供されたといえます[18]。

✤ メニューの多様化で大成功

　セントルイス万博で一つの成功を収めた台湾喫茶店は、以後、アメリカのルイス・クラーク100年記念万博(1905)[19]とジェームズタウン万博(1907)[20]、ロシアのペテルブルグ(彼得堡)万博(1908)[21]、シアトルのアラスカ・ユーコン万博(1909)[22]などの比較的小規模な万博で連年開設されました。

　規模が大きな国際博覧会で、詳細がわかるのは日英博覧会(1910)からで、日本側の公式報告書からいろいろな情報を得ることができます。

　昭和初期に編纂された『海外博覧会本邦参同史料』[23]によれば、台湾喫茶店は場内の36号館に設置され、上下階1千241㎡の規模を持つ建物でした。出願人は野澤組[24]で、総督府は事務局を通じて2万円の補助を交付しました。店内の客席は大小140の食卓と520脚のイスからなり、室内正面に38フィート(約12m)の製茶陳列台を置き、茶葉の販売も行っていました。提供していた飲み物の内容もわかります。純粋の烏龍茶とそれに紅茶を配合したものを提供。来客数は25万人を超え、1日平均も1千747人と「未曾有の好成績」だったようです。

　別の事務局報告書からは、烏龍茶以外にもパンやビスケット、サンドイッチなどの軽食やアイスクリームや菓子類も提供し、台湾茶の販売の有利になるなら適宜販売するという方針であったことがわかります[25]。

　また、日英博覧会の台湾喫茶店ではイギリス人の嗜好に合わせ、烏龍茶単体ではなく、紅茶とブレンドして提供していました。その理由は、ブレンドにより香りがより際立つという烏龍茶の利点を伝えようとしたからです。必要に応じて顧客にもそれを紹介するスタンスでした。イギリス人はセイロン紅茶と比較し、水色の濃淡で判断するため、水色をより濃くする効果も狙ったようです[26]。こうした飲料への配慮のほか、来店するグループ客中に喫茶を好まない者もいるため、途中からコーヒーやコールドミート(冷肉)、

さらには紙巻きたばこやチョコレートまで提供していました。たばこ1本ごとに加え外箱にも「臺灣喫茶店」と書き、チョコレートの箱には同様の文字を入れて烏龍茶の効能を印刷した紙を挿入するなど、柔軟に対応しながらしっかりと宣伝する苦心の跡が見て取れます[27]。

　内装も華麗かつ瀟洒な意匠で凝っており、提供する商品の種類や提供方法、宣伝方法など様々な工夫とあいまっての好成績だったのでしょう。

　ちなみに、この日英博覧会、国内の報道は不評で、現地の実態もイギリス側の出品より日本の庭園や余興が反響を呼び、興行の博覧会、見世物の博覧会といった有様だったそうです。だからこそ台湾喫茶店は、異国情緒あふれるコンテンツとして人気があったのでしょう[28]。

　なお、この5つの博覧会のうち少なくともジェームズタウン万博、アラスカ・ユーコン万博、日英博覧会では、政府館とは別に台湾喫茶店が独立している点は、注意が必要です。内容も充実し、より宣伝に比重が置かれた点は海外万博の特徴と思われるからです。その事情としては、主に日本人の企業や個人に運営が委ねられたこと、先行する日本喫茶店の形態とも無関係とは思われません。販路拡大のための宣伝の場として、海外の関心や現地顧客のニーズに応えて、独立した建物で喫茶の提供と内部のサービス拡充に努めたと評価すべきかもしれません。

❖ 日本喫茶店と並び立つ台湾喫茶店

　次にサンフランシスコ万博 (1915) の台湾喫茶店を見ていきましょう。公式報告書[29]によると、今回台湾総督府は茶商の古谷竹之助と西村庄太郎に台湾喫茶店の経営を金2万円の補助で命じました。今回の「命令書」の内容は、規則や規定は定めますが、細かい注文は少なく経営者の責任に任せる印象です。古谷や西村は茶業組合中央会議所の派遣員として活躍した人物です。特に古谷は、シカゴ万博 (1893) のあと、同所に中央会議所が喫茶店を設置する際の調査に従事しています。日本喫茶店についても詳しく、中央会議所とも関係の深い人物が運営に携わることは、その経

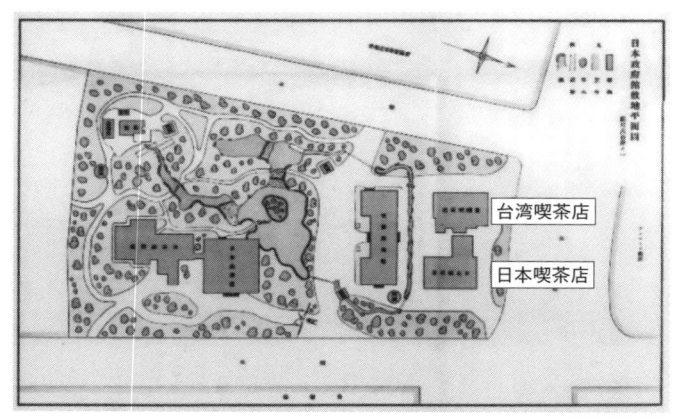

図A-4　日本政府館敷地平面図（活字は引用者）

験を台湾喫茶店の運営に生かすことも期待されたと思われます。

　今回、印象深いのは建物の配置です。万博では、緑茶中心の「日本喫茶店」と合わせて、烏龍茶中心の「台湾喫茶店」を開設することが多くなっていましたが、配置図【**図A-4**】を見ると、公道に面して台湾喫茶店はまるで双子の建物のように日本喫茶店と並び立つ構成となっています[*30]。デンマークやフランス政府館の敷地に向かい合う、そのアジア的な建築美の林立は、注目を集める相乗効果を意図的に狙ったと考えられます。

　この台湾喫茶店と日本喫茶店については、イベントを記念した『巴奈馬太平洋博覧会写真帳』に当時のパノラマ写真が残されています[*31]【**図A-5**】。周囲を囲む植栽の多い庭は、公道から目を引くと当時に、喫茶店

図A-5　台湾喫茶店のパノラマ写真

	日数	喫茶客数	収入金額	一日平均客数	平均収入金額
日本喫茶店	341日	272,299人	40,027,500円	799人	117,382円
台湾喫茶店	288日	219,768人	23,603,000円	763人	81,954円

表2〔「2つの喫茶店の成績」〕（『海外博覧会本邦参同史料第7輯』より）

で憩う人々にとっても鑑賞の対象となっていました。写真を見ると、屋外にも客席を設け、籐または竹製の椅子と丸いテーブルが配置され、軒下の提灯や飾りが風にたなびいている様子を映しこんでいます。また、入り口や屋根の上に、大型の急須をオブジェとして配置して視覚的にもダイナミックに目で見えるアピールをするなど、伝統的な建物再現だけでない万博ならではの意匠にもこだわっています。このパノラマ写真の説明を読むと、この時の台湾喫茶店の給仕は、台湾人ではなく着物を着た日本婦人が雇われていたことが分かりました。

　海外の博覧会史料を集成した昭和初期の別の資料では、2つの喫茶店の営業成績が示されています*32【表2】。予算は台湾喫茶店の2万円に対して、日本喫茶店には2万2千円の補助を与えて建築工事を行い、341日間運営を行いました。一方の台湾喫茶店の運営日数は288日間です。台湾喫茶店の収入金額は緑茶の約半分ですが、日数の差があり、一日平均の客数は日本喫茶店と同規模なので、現地では大いに賑わったと判断してよいでしょう。

❖ 特別な事情で開設された台湾喫茶店

　このように並び立つ2つの喫茶店の際立った存在感は、台湾総督府も茶業組合中央会議所もアメリカへの販路拡大意欲を持ち開設した故でした。

　次に、日本の茶業組合が喫茶店を出店しない傾向が強かったヨーロッパのパリ万博を事例に見ていきます。

　アール・デコ博覧会との略称もある第6回パリ万博（1925）は、装飾芸術の振興や活性化を目的に出品を限定するテーマ性の高い博覧会で、産業

全般を部門別に編成する他の万博とは異なる開催様式でした。第一次世界大戦終結後、対外貿易不振に陥っていた日本は、要請のあった当時は関東大震災の発生年でしたが、政府は美術工芸品の輸出振興のためにアジアから唯一参加を承諾します。アメリカが辞退したため、その土地を譲り受ける形となり、一等地を確保して準備に入ります。

　日本政府の正式報告書によれば、日本館は約151坪（約500㎡）の敷地に茶室を含む二階建て純日本式面積81坪の建物を建築し、残部を附属庭園とする計画を立てます[*33]。後に、この予定地外のセーヌ川畔の眺望絶景地について、英国と日本に対してフランス政府からレストランまたは喫茶店を開設して経営するよう要請が入ります。日本政府はこの提案に対して、到底予算内に収まらないことから承諾できないが、必ず他国が開設するはずと悩み、別に協賛会を組織して建設費と運営を賄うことを考えました[*34]。さらに現地の博覧会事務局は、建設した土地に余裕があることから、台湾総督府に申請して金品の提供を受け、レストランに加え台湾喫茶店を設置し、建設と経営の費用に宛てることとしました。

　このような経緯で誕生した台湾喫茶店は、政府館と同じ人物に建築を請け負わせ、外観も平屋建ての東屋寄棟（あずまやよせむね）づくりの日本風で、周囲に朱塗りの手すりや春日灯篭が配置されていました。軒先には提灯を吊るして、電灯イルミネーションの演出を見せていました。また、運営はロンドンで営業を行う飲食店2店に任せるレストランと同様の方式が取られました。烏龍茶宣伝に対しては、各種印刷物が制作され配布が行われました【図A-6】[*35]。

　第6回パリ万博の事例を見ると、突発的な事情のもと現地事務局の主導で台湾喫茶店が開設される場合、台湾総督府の関与は小さく、建築や運営などにも台湾固有の要素にはこだわらない風潮が見て取れます。台湾固有に厳密にこだ

札頁내案品圖／行發店蓄物搊帝及帝數揚

図A-6　協賛会及台湾喫茶店
発行の出品案内と広告

わらない点は、国内開催の内国博覧会と海外開催の場合との差異と捉えてよさそうです。

また、アメリカ中心の日本喫茶店と異なり、欧米開催や規模の大小にこだわらずにより多くの万博で開設されるのも特徴的です。接待役の給仕も必ずしも台湾人ではなく日本女性が担う場合も多く、国内開催との違いは、経営が民間の日本人に委託され、セントルイス万博のころのように台湾統治を宣伝するイデオロギーよりも販路拡大のための宣伝に比重が置かれている結果だと考えらえます。

❖ 海外で開催された万博と台湾喫茶店

台湾製糖の父と呼ばれる新渡戸稲造が、「台湾名物何々ぞ、砂糖、樟脳、烏龍茶、そして御米が二度穫れる」という台湾名物を表す小唄を創作しました。このうち初期の輸出品の代表は、クスノキからできた芳香・防虫剤である樟脳と烏龍茶でした。圧倒的なシェアを持っていた樟脳に対して、烏龍茶は欧米に向けてあきらかに後発で、販路拡大に向けての挑戦だったのです。

その宣伝方法として誕生した台湾喫茶店は、フランス・アメリカ・ベルギー・ロシア・イギリスの各万博で開設されて以後、第一次世界大戦後にインド紅茶の大規模宣伝攻勢が始まるまで、万博の宣伝によって注文が激増したとされています。「特に聖路易博覧会以来ますますその気勢高めたるの傾向あり」*36とあるように、アメリカでは東海岸のみならず西海岸へも販路を広げるきっかけとなったようです。

実際にそのような傾向を可視化できるか、試みに輸出グラフと海外万博の開催年を照らし合わせてみました【図A-7】。

烏龍茶輸出は一貫してアメリカ向けが中心であり、パリやロンドンの万博開催以後の伸びは無関係としても、全体に右下がり傾向の中で、アメリカ開催の万博のあとには持ち直しているように読み取ることもできます。但し、対外宣伝の方法は万博だけではないので、全てを台湾喫茶店に起因

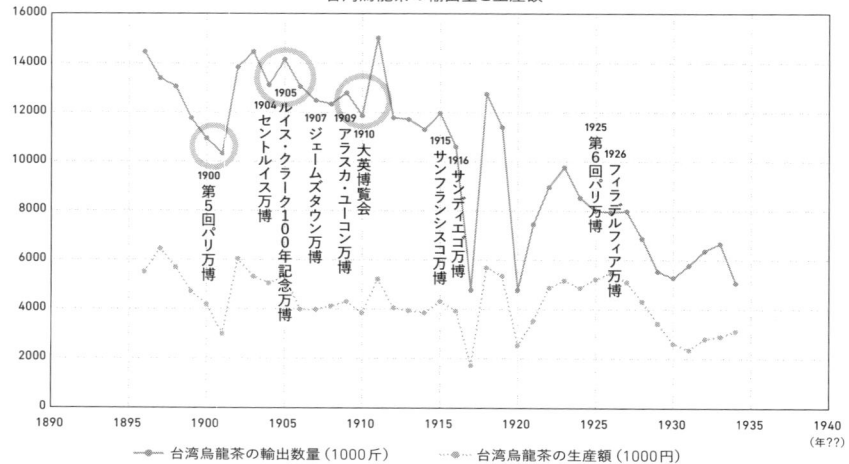

台湾烏龍茶の輸出量と生産額

——台湾烏龍茶の輸出数量（1000斤）　⋯⋯台湾烏龍茶の生産額（1000円）

図A-7　台湾烏龍茶の輸出推移と台湾喫茶店の開設
※台湾総督府熱帯産業調査会編『茶業ニ関スル調査書』P29-31をもとに作成。
　万博後の輸出量増加の〇印は筆者図示。

するというのは難しそうです。

　最後に、冒頭の**表1**で1930年代以降に台湾喫茶店の開設が少なくなっていった理由について、考察しておきたいと思います。まず台湾喫茶店の開設状況はほぼ日本喫茶店と同様であり、後半になると政府出品の会場構成に変更があった点があげられます。また、台湾茶輸出が烏龍茶から包種茶、そして紅茶へと移行する中で、烏龍茶を中心とした台湾喫茶店の宣伝効果が見込めないという判断もあったでしょう。包種茶が増大すると、原料を同じくする烏龍茶は品質低下を引き起こしました[*37]。

　台湾総督府の政策も1920年代以降は対外宣伝より生産管理に重点が移ったようです[*38]。1930年代になると台湾産紅茶の対外輸出が烏龍茶・包種茶を抜き去ります。包種茶は主にジャワが大消費地でした。紅茶もアメリカ輸出は緑茶の輸出需要を奪うことになることや、アメリカやイギリスとの関係悪化もあり、その輸出先は日本国内となっていったのです。したがって、包種茶や紅茶をメインにした台湾喫茶店が開設されることはなく、

台湾喫茶店はやはり当初の誕生の目的通り、烏龍茶の販路拡大と命運を
一つにした歴史的存在であったといえるのではないでしょうか。

註釈一覧

◎ 第1章　第2回パリ万国博覧会

*1　Ciceri, Eugène, *Vue officielle a vol d'oiseau de l'exposition universelle de 1867 / Eug. Cicéri et Ph. Benoist del & lith. ; imp. Lemercier & Cie., Paris.* Berlin : verlag von Goupil & Co. ; Paris : publié par Goupil et Cie ; New York : M. Knoedler, 1867. (Library of Congress)

*2　London International Exhibition, *The International Exhibition of 1862 : the illustrated catalogue of the Industrial Department,* vol.4, Imperial court and state printing, 1862, p.89-101. (Google Books, オックスフォード大学)

*3　堀達之助編『英和対訳袖珍辞書』開成所, 1862, p.817. (早稲田大学図書館)

*4　"Japanese Ambassadors at Intranational Exhibition" *The Illustrated London News*, 1862, Vol. 40, Iss .1146, p.535., "The International Exhibition: The Japanese Court" 1862, Vol 41, Iss.1165, p.320. (Library of Congress)

*5　福沢諭吉『西航記』(慶應義塾編『福沢諭吉全集』第19巻, 岩波書店, 1962, p.28.)

*6　淵辺徳蔵『欧行日記』(大塚武松編『遣外使節日記纂輯』第三, 日本史籍協会, 1930, p.50.)

*7　*London International Exposition*, vol. 1, p.119. (Internet Archive, Boston Public Library)

*8　Waring, J. B., *Masterpieces of Industrial Art & Sculpture at the International Exhibition, 1862,* v. 3, London: Day & son, 1863, p.282. (Smithsonian Libraries)

*9　和訳は以下に従った。オールコック『大君の都』(下) 岩波書店, 第29刷, 2019, p.117. (,Rutherford Alcock, *The capital of the tycoon: a narrative of a three years 'residence in Japan*, New York : Bradley Co.,1863, vol.2, pp.243, 213)

*10　"Japan at the Exhivision", Cassell's illustrated family paper exhitor, pewCassell& Galpin, 1862, p.131.

*11　吉野亜湖「明治維新以前のアメリカにおける日本茶市場の開拓：アメリカの広告資料から読み解く」『静岡産業大学情報学部研究紀要』巻 21, 静岡産業大学情報学部, 2019, p.55-76.

*12　大塚武松編『徳川昭武滞欧記録』第3, 日本史籍協会, 1932, p.399-400. (国立国会図書館)

*13　E. Dentu, *Exposition universelle de 1867 à Paris : catalogue général* (2e édition, revue et corrigée), la commission impériale, 1867, p.1386. (薩摩藩の出品の翻訳は以下を参考にした。深港恭子「企画展『1867年パリ万博150周年記念 薩摩からパリへのおくりもの』に寄せて 1867年パリ万博における薩摩藩とその出品物について」『黎明館調査研究報告 30』鹿児島：鹿児島県歴史・美術センター黎明館2018.)

*14　前掲「明治維新以前のアメリカにおける日本茶市場の開拓：アメリカの広告資料から読み解く」参照.

*15　村山和彦編『佐賀藩幕末関係文書調査報告書』, 佐賀県立図書館, 1981, p.19-278, 230. (国立国会図書館)

*16　前掲『佐賀藩幕末関係文書調査報告書』p.230-232. (定約草稿には「小出、深川、ヂシマン」の名が記されている。千住家文書には「チュシマン」「ビシマン」とも表記ある。) また、藤野保編『続佐賀藩の総合研究：藩政改革と明治維新』吉川弘文館, 1987, p.918.に、この契約は「実現しなかった」とある。立脇和夫監修『幕末明治在日外国人・機関名鑑：ジャパン・ディレクトリー』(第1巻 1861〜1875年, ゆまに書房, 1996.) 等にもヂシマン商会は記されていないので長崎に出張所を置かなかったと考えられる。

*17　前掲『佐賀藩幕末関係文書調査報告書』p.232-233. (千住大之助・横尾文吾・林清左エ門宛 小出千之助書簡 (写))

*18　前掲『佐賀藩幕末関係文書調査報告書』p.262-263.

*19　「使節／徳川民部大輔欧行一件付録　二十三／分割1」JACAR (アジア歴史資料センター) Ref.B13090337000, 使節／徳川民部大輔欧行一件付録　二十三 (続通信全覧類輯之部修好門347) 55コマ. (外務省外交史料館).翻刻は、大塚武松編『徳川昭武滞欧記録』第3, 日本史籍協会, 1932. (国立国会図書館)

*20　同前55コマ.

*21　野中万太郎編『仏国行路記』野中烏犀圓本店, 1936.

*22　前掲『徳川昭武滞欧記録』第2, p.377-378.

*23　前掲『佐賀藩幕末関係文書調査報告書』p.232.

*24　前掲「使節／徳川民部大輔欧行一件付録　十二」Ref.B13090333100 (続通信全覧類輯之部修好門336) 27-28コマ.

*25　前掲「企画展『1867年パリ万博150周年記念　薩摩からパリへのおくりもの』に寄せて 1867年パリ万博における薩摩藩とその出品物について」

*26　前掲「使節／徳川民部大輔欧行一件　付仏国博覧会　五」Ref.B13090324700 (続通信全覧類輯之部修好門313) 16コマ.

＊27 埼玉の人物「文明開化の先駆者　清水卯三郎」埼玉県立文書館（2024.10.07閲覧）https://monjo.spec.ed.jp/tenji

＊28 前掲『徳川昭武滞歐記録』第2, p.332.

＊29 澤護「清水卯三郎：1867年パリ万国博をめぐって」『千葉敬愛経済大学研究論集19』1981, p.501.

＊30 前掲『徳川昭武滞歐記録』第2, p.340.

＊31 歌川広重「五十三次名所図会　四　神奈川　臺の茶屋海上見はらし」一部（大英博物館）

＊32 （内観）The Illustrated London News, No. 1455, 1867.（外観）：Frank Leslie, Frank Leslie's historical register of the United States Centennial Exposition 1876, Frank Leslie's Publishing House, New York, 1877, p.15.（株式会社乃村工藝社）

＊33 渋沢栄一（青淵漁夫）, 靄山樵者録『航西日記 巻之三』1871, p.28.（早稲田大学図書館）

＊34 François Ducuing, L'Exposition universelle de 1867 illustrée : publication internationale autorisée par la Commission impériale, Exposition universelle de 1867 à Paris, Commission impériale, 1867, p.188.（Gallica – BnF）寺本敬子氏はこの人形は幕府が制作させた「武者人形飾馬」である可能性が高いとしている。（寺本敬子『パリ万国博覧会とジャポニスムの誕生』思文閣出版, 2017, p.79.）

＊35 前掲「使節／徳川民部大輔欧行一件　付仏国博覧会　五」15コマ.

＊36 Ducuing, vol.1, pp.234-235.

＊37 Triollet, F. Lefèvre, Exposition universelle de 1867 à Paris. Plan d'ensemble du palais, du parc et du jardin, Paris : 1867.

＊38 Ducuing, Vol.2, p.297.

＊39 Imbert de saint-Amad, Napoleon III and his court, London: Hutchinson, 1989.（Internet Archive, University of California Libraries）

＊40 前掲『徳川昭武滞歐記録』第1, p.167.

＊41 "Prince Tokugawa Minbutairo, Brother of the Tycoon of Japan" The Illustrated London News, Vol 51 Iss 1460-1461, The Illustrated London News, 1867-12-21, p.664.（google books, オーストリア国立図書館）

【その他の参考文献】

楠元町子「1862年第2回ロンドン万国博覧会における『日本』」『愛知淑徳大学論集. 文学部・文学研究科篇』（40）愛知淑徳大学文学部, 2015, p.55-72.

今井博昭『清水卯三郎　文明開花の多彩な先駆者』さきたま出版会, 2022.

◎ 第2章　ウィーン万国博覧会

＊1 田中芳男, 平山成信編『澳国博覧会参同記要』森山春雍 1897, p. 40-41.（国立国会図書館）

＊2 La Commission impériale japonaise, Notice sur l'empire du Japon et sur sa participation à L'Exposition universelle de Vienne, 1873 ; accompagnée d'un album photographique, Imprimerie de C. Lévy,1873.（国立国会図書館）

＊3 博覧会倶楽部編『海外博覧会本邦参同史料』第1輯, 博覧会倶楽部, 1928, p. 45.（国立国会図書館）

＊4 前掲『澳国博覧会参同記要』p.40.

＊5 久米邦武編『特命全権大使米欧回覧実記』第5篇　欧羅巴大洲ノ部　下, 博聞社, 1878, p. 40.（国立国会図書館）

＊6 平山成信『昨夢録』平山成信, 1925, p.12-13.（国立国会図書館）

＊7 R. Bonghi, R. De Cesare, F. Filippi, Album della Esposizione Universale di Vienna, Fratelli Treves Editori, 1874, p.33.（google books, フィレンツェ国立中央図書）

＊8 前掲『昨夢録』p.12.

＊9 前掲『澳国博覧会参同記要』p.46-47.

＊10 The National Archives（閲覧2023.7.10）https://www.nationalarchives.gov.uk/currency-converter/

＊11 "Jotting at the Alexandra Palace" The Graphic, 12.06. 1875.

＊12 香取秀眞「西尾卓郎翁の談話」『日本美術協会報告』（22）, 日本美術協会, 1931.6, p.13-27.（国立国会図書館）

＊13 横山松三郎『澳国維府博覧会出品撮影写真帖』1872-73.

＊14 前掲『海外博覧会本邦参同史料』第一輯 p.42.

*15 横溝廣子「ウィーン万国博覧会出品目録草稿（美術工芸編）（一）」『美術研究』357号, 1993, p.38-74.（二）358号, p.31-57.

*16 前掲『海外博覧会本邦参同史料』第一輯 p.41.

*17 南三郡茶商会社（1871年設立）が京都物産引立所に属し輸出の茶を焙製していた。「京都府立京都学・歴彩館デジタルアーカイブ」（2024.9.29閲覧）https://www.archives.kyoto.jp/websearchpe/detail?cls=371_chronicle&pkey=0000017958

*18 Japan. Imperial Japanese Commission to the Vienna International Exhibition, *Catalog der kaiserlich japanischen Ausstellung*, Japanischen Ausstellungs-Commission, 1873, pp. 47-48.（Hathi Trust, Harvard University）

*19 観農局『旧勧業寮年報撮要』第1回（明治9年）内務省勧業寮, 1876, p.57.（国立国会図書館）にもウィーン万博で紅茶を1点展示したとある。

*20 1872（明治5）年1月14日に太政官布告が府県から出された。（「物品差出方手続幷博覧会ヲ催ス次第」太政類典・第2編・明治4年〜明治10年・第171巻・産業20, 展覧場3）,（国立公文書館）

*21 全日本紅茶振興会編『紅茶百年史』全日本紅茶振興会, 1977, p.5.

*22 『澳国博覧会諸府県出品鉱植動目録　全』（東京国立博物館）の表紙裏に「癸酉年澳国利国博覧会ノ節府県ヨリ取集シ天産物ノ目次ニシテ（中略）明治九年一月二十日記」とある。

*23 前掲『澳国博覧会参同記要』p.14-15.

*24 前掲『旧勧業寮年報撮要』p.57., 農商務省農務局編纂課編『農務顛末』第2巻, 農林省, 1954, p.735-741.（国立国会図書館）に「輓近過々二、三名紅茶ノ利ヲ弁ヘ僅カニ製シ開港場ニ出シタルモノナキニアラザル」(p.738)とあり、明治7年3月以前に数名が紅茶を開港場に出していたことも記されている。

*25 ペーター・パンツァー, 沓澤宣賢, 宮田奈奈編『1873年ウィーン万国博覧会—日墺からみた明治日本の姿』思文閣出版, 2022, p.20.

*26 Raimund von Stillfried, *Views and Costumes of Japan*, 1872.（The Metropolitan Museum of Art）

*27 K.K. Hof- u. Staatsdr., *Allgemeine illustrierte Weltausstellungs-Zeitung*. Wien : 12.Juni. 1873, p.90.

【コラム　佐賀と紅茶】

*28 前掲「西尾卓郎翁の談話」p. 13-14.

*29 瀬川光行『商海英傑伝』富山房, 1893, P. 六ノ16.（国立国会図書館）

*30 Rober Hellyer, *Green with Milk & Sugar*, NY: Columbia University Press, 2020, p.19.

*31 鹿児島県歴史資料センター黎明館編『鹿児島県史料』玉里島津家史料』鹿児島県, 1992, p. 152, 168.（島津久光の子忠済の嗣子である島津忠承代が所蔵していた文書類が黎明館に寄託され、刊行されたもの。全九巻、補遺二巻。）

*32 長崎に滞在していた1864年頃の薩摩藩士五代友厚による上申書（公爵島津家編輯所編『薩藩海軍史』中巻, 薩藩海軍史刊行会, 1928, p.887-888.）に、「紅茶」の製造をすすめる記述と製法の記載があることを薩摩英国館よりご教示いただいたが、原本の所在が現在不明とのことで一次史料にあたれていないため、今後の研究課題とする。よってここでは前掲の黎明館所蔵の史料を紹介した。

*33 明治5年4月23日付「京都府下ヘ支那国茶実ヲ播種ス」『太政類典・第二編・明治四年〜明治十年・第百五十三巻・産業二・農業二』（国立公文書館）

【コラム　起立工商会社とゴッホ】

*34 ゴッホ美術館（2024.8.16閲覧）https://www.vangoghmuseum.nl/ja/visitor-information-japanese/inspiration-from-japan#6

*35 角山幸洋「起立工商会社と松尾儀助」関西大学経済論集 47（2）, 1997, p. 241-292., 日本美術協会編『日本美術協会報告』第22輯, 1931.10, p.19.（国立国会図書館）,『石川県史』第4編, 石川県図書館協会, 1974, p. 740-741.（国立国会図書館）

*36 中間報告（吉野亜湖・井戸幸一「万国博覧会と日本茶〜パリ・アメリカで展開された日本茶喫茶店〜」静岡県立大学グローバル地域センター・世界お茶まつり2019資料展示, 2019.）で「茶箱」とされているとしたがゴッホ美術館へインタビュー調査を行った。（メールでの調査。2024.8.23）

*37 北海道立近代美術館, 北海道新聞社, NHK, NHKプロモーション編『図録 ゴッホ展 巡りゆく日本の夢 Van Gogh

& Japan 2017 2018』北海道新聞社, NHK, NHKプロモーション, 2017, p.28. (写真の看板よりはサイズが異なるように見えるのが、そのものではないとしても楕円形の形は同じである。また、シカゴ万博の喫茶店担当者の報告に郵送用の箱の板を、展示品に再利用した例もあるため箱の一部だった可能性もある。)

*38　Louis van Tilborgh; Ella Hendriks, *Vincent van gogh paintings : Volume 2 : Antwerp & Paris 1885-1888 : Van Gogh Museum*, 2011, pp. 287-293.

◎ 第3章　フィラデルフィア万国博覧会

*1　Edward Morse, *Japanese homes and their suroundings*, Boston: T; chnor, 1886 p. xxv16(Internet Archives)
*2　1870 (明治3) 年、サンフランシスコ工業博覧会に茶も出品されたが、公式参加という形ではなかった。(日本茶輸出百年史編纂委員会編『日本茶輸出百年史』日本茶輸出組合,1959, p.56.)
*3　*Leslie*, pp. 38, 271.
*4　米国博覧会事務局編『米国博覧会報告書』第2巻, 米国博覧会事務局, 1876, p.151-161. (国立国会図書館)
*5　"Centennial Points", *Chicago daily tribune* (*Chicago, Ill.*), May 18, 1876, 7. (Library of Congress)
*6　James Dabney McCabe, *The illustrated history of the Centennial exhibition*, Philadelphia: National Publishing Company, 1877, p.446.
*7　*McCabe*, p.336.
*8　村形明子『アーネスト・F. フェノロサ文書集成　翻刻・翻訳と研究　上』京都大学学術出版会, 2000, p.19.
*9　*Official Catalogue of the Japanese Section: and Descriptive Notes on the Industry and Agriculture of Japan, International Exhibition, 1876*, The Japanese Commission, 1876. (Internet Archive)
*10　前掲『米国博覧会報告書』　第1巻.
*11　東京国立博物館他編『世紀の祭典万国博覧会の美術』NHKプロモーション・日本経済新聞社, 2004, p.54.
*12　Augustus Franks, South Kensington Museum Wollaston, *Japanese pottery: being a native report*, Published for the Committee of Council on Education by Chapman and Hall (Charles Dickens and Evans, Crystal Palace Press), 1880.
*13　前掲『米国博覧会報告書』　第2巻, p.30.
*14　同前, p.139.
*15　*Leslie*, p.129.
*16　前掲『米国博覧会報告書』　第2巻, p.33-139.
*17　樺島彩波「日本における烏龍茶生産にみる日本と台湾の交流」2021. (味の素食の文化センター研究成果概要報告書)
*18　『愛知県布達類集』明治4-8年, 活版局, 1876, p.754-765. (国立国会図書館)
*19　加藤景孝『茶説集成』巻之1, 擁万堂, 1874, p.26-27. (国立国会図書館)
*20　前掲『紅茶百年史』p.64.
*21　狩野良信画『製茶説』写. (国立国会図書館)
*22　瀧恭三編『静岡県茶業史』静岡県茶業組合連合会議所, 1926, p.852.
*23　吉野亜湖「アメリカが愛した日本茶」(2024.7.30閲覧)
　　https://www.global-center.jp/media/20221125-100823-287.pdf
*24　Francis A. Walker, *International Exhibition 1876, Reports & Awards*, Vol.4, Group 3-7, U.S. Government Printing Office,1880, p.312. (Google Books, ハーバード大学)
*25　米国の公式報告書で入賞者としてあげられていた「565. Noroka Taizo, Tojikiken」(p.102) は、日本の出品者リストに欠如していたため表に記載なし。
*26　加藤景孝編述, 中嶋仰山圖画「教草　十五　製茶覧」博物局, 1876. (明治九年校訂・構図とあり) (東京大学総合図書館)

【他の参考文献】
坂本久子「フィラデルフィア万国博覧会本館における日本の出品物と会場構成」『デザイン学研究』45 (3), 1998, p53-62.
楠元町子「1876年フィラデルフィア万国博覧会における日本と中国の展示」『愛知淑徳大学論集-文学部・文学研究科篇』

41, 2016, p.83-100.

◎ 第4章　第3回パリ万国博覧会

*1　仏国博覧会事務局『仏蘭西巴里府万国大博覧会報告書』2, 仏国博覧会事務局, 1880. (国立国会図書館)

*2　"Le Exposition universelle", 15 Juin 1878, *L'illustration : journal universel*, v.71, Jan-June 1878, p.397. (Hathi Trust, University of California)

*3　*Guide de l'Exposition universelle et de la ville de Paris pour 1878, avec plans des théâtres et des arrondissements de Paris*, Paris: Alcan-Lévy, 1878. (BnF. Gallica)

*4　前掲『仏蘭西巴里府万国大博覧会報告書』2, p.22-23.

*5　Hippolyte Gautier et Adrien Desprez, Adrien Desprez, *Les curiosités de l'exposition de 1878 : guide du visiteur* (Nouv. éd. rev. et corr.) , Paris: Ch. Delagrave, 1878, p.200.

*6　前掲『仏蘭西巴里府万国大博覧会報告書』1, p.22.

*7　*L'illustration : journal universel* , v.71, p.367-369.

*8　樋口いずみ「日本の万国博覧会参加における『実演』とその役割に関する一考察—1878年パリ万国博覧会を事例として—」『早稲田大学大学院教育学研究科紀要』別冊16号, 2008, 注6.

*9　金井捨三郎『前田正名君性行一班』品川太右衛門, 1893. (国立国会図書館)

*10　茶業組合中央会議所編『日本茶業史』茶業組合中央会議所, 1914, p.107, 110, 490.

*11　寺本敬子『パリ万国博覧会とジャポニスムの誕生』思文閣出版, 2017, p.230-236.

*12　本間恒治編『男爵前田正名君略伝』本間恒治, 1922. (国立国会図書館)

*13　Japon Commission impériale, *Le Japon à l'exposition universelle de 1878. Art, éducation et enseignement, industrie, productions, agriculture et horticulture*, Commission impériale du Japon, 1878.

*14　"Les Laques du Japon" 15 Juin 1879, *La Revue scientifique de la France et de l'étranger : revue des cours scientifiques*, Paris: G. Baillière, p.1173-1178. "Porcelaines et Faiences Japonaises" 22 Juin 1879, p.1213-1220, 29 Juin, p.1231-1234. (BnF Gallica) なお,「日本の漆器」については前田正名単独で,「日本の陶磁器」では松方正義の名前も加えているが, 正名が著者とみてよいだろう。

*15　*Japon Commission impériale*, p.159-163.

*16　「1700年のはじめまで, 茶の葉は鍋で炒る製法であったが, 1716年から焙炉が使われるようになった」と煎茶のように粉にしない茶についても製法の歴史を述べている。

*17　Commission impériale du Japon, *Le Japon à l'exposition universelle de 1878. Géographie et histoire du Japon*, Commission impériale japonaise, 1878, p.119.

*18　前掲『仏蘭西巴里府万国大博覧会報告書』1, p.9.

*19　益田孝『「パリー」へ支店設置ニ関スル願書：大隈大蔵卿宛』1877.6. (早稲田大学図書館)　翻刻は以下を参照した。岩壁義光「明治11年巴里万国博覧会と日本の参同」神奈川県立博物館研究報告 人文科学 第12号, 1985, p.92-124.

*20　松方峰雄他編『松方正義関係文書』第1巻, 大東文化大学東洋研究所, 1979, p.365. (国立国会図書館) 原文は「前田正名が罷帰り色々せつつかれ」とある。

*21　Étienne Carjat, *Album de portraits-cartes de visite réalisés entre 1861 et 1867*, 1861-1867.

*22　今井祐子「1878年パリ万博と日本陶磁器—日本の茶陶への関心はどのようにして芽生えたか」『国際文化学』(6), 神戸大学国際文化学会, 2002, p.6-7.

*23　Simon Vandières, *L'Exposition universelle de 1878 illustrée*, Paris: C. Lévy, 1879, p.14.

*24　前掲「日本の万国博覧会参加における『実演』とその役割に関する一考察」注8.

*25　坂本久子「日本の出品にみるフィラデルフィア万国博覧会 (1876年) とパリ万国博覧会 (1878年) の関連」『近畿大学九州短期大学研究紀要』39, 近畿大学九州短期大学, 2009, p.9.

*26　*The Illustrated London News*, 8 Jun 1867. (個人蔵)

*27　仏国博覧会事務局『明治十一年仏国博覧会出品目録』仏国博覧会事務局, 1880, p.15. 84-85. (国立国会図書館)

*28　〔仏蘭西〕巴里府万国博覧会写真帖 (日本部) 巴里同盟, 1878, 24コマ. (宮内庁図書寮文庫)

*29　前掲『仏蘭西巴里府万国大博覧会報告書』1, p.63-64.

*30　多田元吉『紅茶製法纂要』上, 勧農局, 1878. (国立国会図書館, 内閣公文書館)

*31　Bureaux de la Mosaïque, *La Mosaïque*, Paris: Mosaïque office, 1875.01.01, p.137.

＊32 Charles Yriarte, *Le Monde illustré*, [s.n.] (Paris), 1878.11.16, p.313.

＊33 岡村嘉子「1878年パリ万国博覧会トロカデロ宮における二つの日本美術展示の位相 ―エミール・ギメと日本万博事務局」『成城美学美術史』(29)，成城大学大学院文学研究科美学・美術史専攻，2023，p.39-63.

＊34 伊藤嘉章「1878年パリ万国博覧会における日仏陶磁の交換」『世紀の祭典　万国博覧会の美術』NHK・NHKプロモーション・日本経済新聞社，2004，p.156-159.

＊35 *Vandières*, p.109.

◎第5章　シカゴ万国博覧会

＊1 臨時博覧会事務局編『臨時博覧会事務局報告』臨時博覧会事務局，1895，p.496.（国立国会図書館）

＊2 株式会社乃村工藝社「博覧会資料collection」（閲覧2024.2.9）https://www.nomurakougei.co.jp/expo/exposition/detail?e_code=1439

＊3 前掲『臨時博覧会事務局報告』p.493-524.

＊4 Kakudzo Okakura, *The Hō-ō-den（Phoenix hall）: an illustrated description of the buildings erected by the Japanese government at the World's Columbian exposition, Jackson Park, Chicago*, K. Ogawa,1983.

＊5 *Okakura*, p.20.

＊6 Daisetz T. Suzuki, *Zen and Japanese culture*, NY: Bollingen Foundatwn Inc., 1959, p.271.

＊7 Helen E. Gregory-Flesher, "The Tea Ceremony", *The morning call*, San Francisco, Calif., 03 July 1892. 15.（Library of Congress）

＊8 "MacGill, Helen Gregory", Encyclopedia.com（閲覧2024.2.11）
https://www.encyclopedia.com/women/encyclopedias-almanacs-transcripts-and-maps/macgill-helen-gregory-1871-1947.

＊9 「喫茶店派遣員の報告」『茶業報告』(8) 茶業組合中央会議所，1894，p.17.（国立国会図書館）

＊10 Arnold, C. D.（Charles Dudley）, *Official views of the World's Columbian Exposition 1893: Chicago, Ill.*, Higinbotham, H. D. Press Chicago Photo-gravure Co., 1893, p.197.

＊11 前掲『臨時博覧会事務局報告』p.624-629.

＊12 Arnold, C. D., *Panorama, looking east from Woman's Building, extending north to Illinois Building and south to Manufactures Building*, World's Columbian Exposition 1893: Chicago, Ill., C.D. Arnold Photographic Collection.（Chicago Public Library）

＊13 *Rand, McNally & Co.'s New Indexed Standard Guide Map of the World's Columbian Exposition at Chicago (Ill.)*, Rand McNally and Co. ,1893（Lewis University）

＊14 久保田米僊『閣龍世界博覧会美術品画譜』第2集，大倉書店，1893.

＊15 George Royal Davis, *Picturesque world's fair : an elaborate collection of colored views : comprising illustrations of the greatest features of the World's Columbian Exposition and Midway Plaisance : architectural, artistic, historical, scenic and ethnological*, Chicago : W.B. Conkey, 1894, p.10.（Smithsonian Libraries）

＊16 Stuart Charles Wade, Walter Scott Wrenn, *The Nut Shell: The Ideal Pocket Guide to the World's Fair and what to See There: Every Important Exhibit Or Sight Accurately Located with Ground Plans*, A.J. Burton, 1893, p.168.

＊17 Henry Davenport Northrop, *The world's fair as seen in one hundred days*, Philadelphia: Ariel Book Co., 1893, p. 587.

＊18 茶業組合中央会議所編『日本茶業史　続編』茶業組合中央会議所，1936，p.805.

＊19 前掲『茶業報告』(8-11)，1894-1895.

＊20 伊藤市平談「閣龍博覧会の苦心」『静岡県茶業史』，p.1984-1985.

＊21 Bancroft, Hubert Howe, *The book of the fair v. 10*, Bancroft, Chicago, 1893（Smithsonian Libraries）

＊22 前掲『茶業報告』(11)，p.64.

＊23 Trumbull White et al., *The World's Columbian Exposition, Chicago, 1893*, P. W. Ziegler & Co., St. Louis, 1893, pp.558-559.（Smithsonian Libraries）

＊24 前掲『閣竜世界博覧会美術品画譜』第3集.

＊25 "Japanese Hoo-den, Interior", *A Portfolio of Photographs of the World's Fair*, The Werner Company,1893.

(Field Museum of Natural History, Illinois Digital Archives. 2024.9.17閲覧)「鳳凰殿」とあるのは誤記であろう。http://www.idaillinois.org/digital/collection/fmnh/id/312/

*26 "Cups Cheer", *Chicago Tribune*, 22 Oct 1893, p.35.
*27 前掲『茶業報告』(11), p.64.
*28 "The Japanese Tea House". Chronicling Illinois（2024.11.27閲覧）https://www.chroniclingillinois.org/items/show/31552. (Abraham Lincoln Presidential Library and Museum)
*29 Benjamin Cummings Truman, *History of the World's Fair: Being a Complete Description of the World's Columbian Exposition from its Inception*, Mammoth Publishing Company,436. (Smithsonian Libraries)
*30 *Northrop*, pp.585-588.
*31 前掲『茶業報告』(8) p. 21.
*32 前掲『茶業報告』(11) p. 63.
*33 前掲『日本茶業史』p. 100-101.
*34 "A Cup of Real chinese Tea", Graduate Assosiation for food studies, (2024.11.27閲覧) https://gradfoodstudies.org/
*35 前掲『臨時博覧会事務局報告』p.630.
*36 Rand, McNally & Co., *The World's fair album: containing photographic views of buildings at the World's Columbian exposition*, Chicago 1893, Chicago, New York:Rand, McNally & Co. 1893, p.77 (Library of Congress).
*37 同前, p.79.
*38 James W. Buel, *The magic city*, St. Louis, Mo: Historical Pub. Co., 1894, p. 260. (Smithsonian Libraries)
*39 W. B. Conkey Co., *Views of the World's fair and Midway plaisance*, Chicago: W.B. Conkey Company 1894, p.173. (Libraly of Congress)
*40 前掲『臨時博覧会事務局報告』p. 621, 791-792.
*41 Mark Bussler, *The "home queen" world's fair souvenir cook book :two thousand valuable recipes on cookery and household economy, menus, table etiquette, toilet, etc. /contributed by over two hundred world's fair lady managers, wives of governors and other ladies of position and influence*, George F. Cram Company, 1983, p.494.
*42 前掲『茶業報告』(8) p. 20, (11) p.64.
*43 *Northrop*, p.583.

【コラム　シカゴ万博の入賞茶】

*44 Moses Handy, *The official directory of the World's Columbian exposition. A reference book of exhibitors and exhibits, May 1st to October 30th, 1893*, Chicago: W.B. Conkey company, 1893, pp.606-608., (Library of Congress)
*45 大蔵省印刷局編『官報』第3230号, 1894年04月10日p.101.（国立国会図書館）
*46 前掲『臨時博覧会事務局報告』p.150.
*47 前掲『茶業報告』(11), p.61-62.
*48 前掲「日本における烏龍茶生産にみる日本と台湾の交流」p.2.
*49 前掲『臨時博覧会事務局報告』p.100-101.132.

◎ 第6章　セントルイス万国博覧会

*1 加藤絵里子「セントルイス万国博覧会における日米関係：世紀転換期の日米の外交的意図に着目して」『お茶の水史学』(61) 読史会2017, p.8.
*2 農商務省『聖路易万国博覧会本邦参同事業報告　第2編』農商務省,1901, p.51-53, 75, 15.（国立国会図書館）
*3 同前「日本政府館敷地図」
*4 David Rowland Francis, *Universal Exposition of 1904*, Volume 2, Louisiana Purchase Exposition Company, 1913, p.51. (Missori History Museum)

＊5　前掲『聖路易万国博覧会本邦参同事業報告　第2編』p.675.

＊6　Japan. Imperial Japanese Commission to the Louisiana Purchase Exposition, *The Exhibition of the Empire of Japan, Official Catalogue,* St. Louis: International Exposition, 1904 p.6. (Hathi Trust, Harvard University)

＊7　"Lovely Japanese garden east from ferris wheel,（Machinery Bldg. beyond）, World's Fair, St. Louis, U. S. A.", Underwood & Underwood, 1904. (Library of Congress)

＊8　"Ferris wheel, 340 ft. diam., axle 56 tons, with cars for 2160 passengers, World's Fair, St. Louis, U.S.A.", Underwood & Underwood, 1904.

＊9　前掲『聖路易万国博覧会本邦参同事業報告　第2編』p.665-667.

＊10　Willium H. Ukers, "The Trade at the Fair", *The Tea & Coffee Trade Journal,* Vol.7,　NY: The Tea & Coffee Trade Journal co., Dec.1904, pp.50-51.

＊11　前掲『聖路易万国博覧会本邦参同事業報告　第2編』p.433.

＊12　前掲『聖路易万国博覧会本邦参同事業報告　第2編』に「日本喫茶店は緑茶、台湾喫茶店は紅茶を供し」とあり「緑茶喫茶者161634人」「紅茶喫茶者99744人」と報告されている（p.678）が、烏龍茶を提供していたと考えられる。同報告書に台湾喫茶店の目的は「烏龍茶の真味を万国公衆に周知せしめ販路を拡張する」ことだと示し、台北茶商公社がこれに賛同し「飲料及配布用の茶を供給」とある（p.456）。英文公式日本出品目録に台湾から紅茶の出品がないこと、星一の日本出品ガイドブックにも台湾茶の解説に「紅茶」はない。加えて、樺島彩波氏から『台湾総督府民政事務成績提要』（1903,p.353-354）に「米国は本島烏龍茶の一大華客にして益々販路拡大の必要あるを以って会場内に喫茶店を設け本島茶の真味を世人に紹介し」と記されていること、『台湾日日新報』1904年1月28日「茶商公会と総督府の補助」に「茶商公会はその事業（喫茶店）を賛助し公衆に烏龍茶を喫せしめ且つ広く烏龍茶の配布をなすこと」の記事がある事をご教示いただいた。また前掲『台湾総督府民政事務成績提要』（p.419）でも配布茶は烏龍茶であったことが報告されている。

＊13　前掲『静岡県茶業史』p.745-746.

＊14　前掲『日本茶業史』p.145-146.

＊15　"Sights and Echoes of the Exposition", *St. Louis Globe,* 1 Sep., 1904, p.2.

＊16　「アメリカ丸」*Yamato Shinbun,* 1904.04.18, p. 2.

＊17　"Native Japanese "Dinner Party", *The St Louis Republic,* Thu, Jul 14, 1904, p.6.

＊18　「坂東玉三郎　白骨となりて帰国す」*Yamato Shinbun,* 1905.01.01,p.3.

＊19　米議会図書館などの新聞デジタルアーカイブだけでも1904年に以下に同じ記事"Tea Ceremony at the Japanese Reservation"を確認できた。*The Camden chronicle,* November 18, p.4., *The Morris County chronicle,* October 18, p.3. *Abbeville press and banner,* November 9, p.3., *The Brunswick daily news,* October 30, p.6., *The Olneyville times,* October 21, p.3., *The new enterprise,* November 17, p.3., The Valley Times-Star,Thu, Oct 20, p. 6.

＊20　"The Celebrated Japanese Tea Ceremony", *St. Louis Globe-Democrat,* Sun, Aug 21, 1904, p. 55.

＊21　"Japanese girls in school", *The St. Louis Republic,* December 18, 1904, (SUNDAY MAGAZINE) p.66.（Library of Congress）

＊22　楠元町子「岡倉天心にみる万国博覧会と異文化交流」『言語文化』(9) 愛知淑徳大学言語コミュニケーション学会, 2001, p.75.

＊23　「講演　絵画における近代の諸問題」『岡倉天心全集第2巻』平凡社 1980.

＊24　前掲『日本茶業史』p.277-278.、前掲『聖路易万国博覧会本邦参同事業報告　第2編』p.214.

＊25　前掲『聖路易万国博覧会本邦参同事業報告　第2編』p.717.

＊26　同前

＊27　圓佛須美子『三代永徳齊　米国さんと呼ばれた男』圓佛須美子, 2011.

＊28　前掲『聖路易万国博覧会本邦参同事業報告　第2編』(「第五十八図　農業館内日本出品陳列図」) 251コマ.

＊29　Japan. Imperial Japanese Commission to the Louisiana Purchase Exposition, pp.12-13, 211-212.（『聖路易万国博覧会本邦参同事業報告　第2編』には、「製茶家22人の出品」をまとめたとある。p.21.）

＊30　*On the Pike, the first complete booklet of the Pike and amusement features of the Louisiana purchase exposition,* New York [etc.] The Morrison heptol co., 1904, p.13. (Library of Congress)

＊31　*Sights, scenes and wonders at the World's fair; official book of views of the Louisiana Purchase Exposition,* St. Louis : Official Photographic Company, 1904.

＊32　前掲『聖路易万国博覧会本邦参同事業報告　第2編』p.670-671, 680.

*33 前掲『静岡県茶業史』p.757.

*34 Hajime Hoshi, *Handbook of Japan and Japanese exhibits at World's fair, St. Louis,* 1904.

*35 前掲『聖路易万国博覧会本邦参同事業報告 第2編』p.84.

*36 前掲『静岡県茶業史』p.765.

*37 農商務省編『千九百四年巴里万国博覧会臨時博覧会事務局報告 上』農商務省, p.898.

*38 前掲『静岡県茶業史』p.748〜749.（なお、日本茶の展示は信楽茶壺で飾り付け名誉大賞碑を獲得していた。）

*39 Willium Ukers, "Tea and Coffee Exhibits at Seattle", *Tea & Coffee Trade Journal,* vol.17, NY: The Tea & Coffee Trade Journal co., Aug. 1909, pp.80-81.

*40 前掲『静岡県茶業史』p. 750.

【その他の参考文献】
畑智子「セントルイス万国博覧会における『日本』の建築物」『日本建築学会計画系論文集』65巻532号, 日本建築学会, 2000, p. 231-238.
楠元町子「セントルイス万国博覧会における日本の展示品と評価」『現代社会研究科研究報告』(2), 愛知淑徳大学大学院現代社会研究科, 2007, p.135-147.

【コラム 奮闘する静岡茶】
*41 「開場前の桑港万国博覧会」『日米新聞』1915.02.15,p.3

図 Hubert Howe Bancroft, *The book of the fair,* v. 4, Chicago: Bancroft, 1893, p. 377. (Smithsonian Library)

◎ 第7章 サンフランシスコ万国博覧会

*1 『日米新聞』1915.02.03, p.3. （以下邦字新聞はジャパニーズ・ディアスポラ・イニシアチブ「邦字新聞デジタル・コレクション」より引用。）

*2 吉野亜湖「『ALL ABOUT TEA』から見る近代日本茶広告小史」『海を渡った日本茶の広告』静岡茶共同研究会,2015,p.4-5., 茶業組合中央会議所編『日本茶貿易概観』茶業組合中央会議所,1935,p.140,167.

*3 青木大成堂『巴奈馬太平洋万国大博覧会写真帖』桑港青木大成堂, 1915. (株式会社乃村工藝社蔵)

*4 静岡県榛原郡茶業組合, 1916『北米茶業視察談』静岡県榛原郡茶業組合編 p.11 (個人蔵)

*5 前掲『日本茶業史 続編』p.437

*6 「開場当日の喫茶店」『日米新聞』, 1915.02.14, p.2.

*7 「茶寮娘の写真1万弗」『紐育新報』1915.08.28, p.3.

*8 日本銀行「企業物価指数の公表データ一覧」(2024.09.30閲覧) https://www.boj.or.jp/about/education/oshiete/history/j12.htm

*9 "Features of Opening Day Program at exposition", *San Francisco Chronicle,*16 Feb.1915, p.9.

*10 「節句の模擬店」「舞踏会と茶寮女」『日米新聞』1915.04.25, p.3.

*11 「茶寮女と桜踊 婚約玉手箱」『新世界』1915.12.22, p. 3.

*12 「茶寮女を慕ふ米人」『日米新聞』,10.23, p.3.

*13 「茶寮のお爺さん」『日米新聞』, 1915.04.14, p.3.

*14 "A pretty example of the entente cordiale... "*Sunset Magazine*, vol.34, 1915. 5, p. 884. (Hathi Trust, University of Chicago)

*15 「米人の茶寮女」『日米新聞』1915.01.03, p.3.

*16 「美人募集」『日米新聞』, 1914.10.07, p.3.「喫茶店給仕女につき」『日米新聞』, 1914.09.28, p.3.

*17 「桑博茶寮の女」『日米新聞』1915.02.02, p.3. (同紙に良家の子女を「茶汲女」と呼ぶのはしのびなく領事とも相談し「茶寮女」と呼ぶことにしたとある)

*18 「茶寮女の身元」『日米新聞』1915.02.09, p.2.,「米国を慕ふ茶寮女」『日米新聞』, 1916.11.13,p. 2.,「茶寮女中原信子君新聞記者となる」『新世界』, 1916.09.28, p.2.,「江戸子揃ひの大博茶寮美人」『新世界』, 1915.02.02, p.3.,「茶寮女上陸理由」『日米新聞』, 1915.02.07, p.3.

*19 「茶寮女の厳重取締」『日米新聞』1915.02.11, p. 3.

*20 「二千弗の懸賞で茶寮女を奪う計画」『日米新聞』, 1915.12.21, p.3.

＊21 「喫茶店の大繁盛」『日米新聞』1915.01.12, p.3.

＊22 G. Takida, "Map of Japanese Garden", 1914. (San Francisco Public Library)

＊23 『茶業界』9 (7), 静岡県茶業組合連合会議所, 1914-07, p.5. (国立国会図書館)

＊24 農商務省編『巴奈馬太平洋万国博覧会参同事務報告　上』農商務省　1917, p.141.

＊25 Burton Holmes, *The Burton Holmes lectures*, Mich.: The Little-Preston co., limited, 1901, p.257. (Internet Archives)

＊26 前掲『パリ万国博覧会とジャポニスムの誕生』思文閣, p.301-308.

＊27 「庭園の茶席開き」『日米新聞』1915.03.06, p. 3.

＊28 「茶礼は武士道」『日米新聞』1915.04.30, p.3.

＊29 Inazo Nitobe, *Bushido: The Soul of Japan*, Philadelphia: Leeds & Biddle,1900.

＊30 前掲『茶業界』9 (7), 1914-07, p.5.

＊31 "Girls Perform Ritual", *San Francisco Examiner,* California : Thursday, March 04, 1915, p.9. (この記事では、原田理事官は「日本茶は心を落ち着かせる作用があり、日本人が大事をなす前に欠かせないもの」と述べている)

＊32 前掲『日本茶業史　続編』p.437-439.

＊33 「茶礼と日本精神」『日米新聞』1915.04.23, p.3.

＊34 小前ひろみ「原田治郎研究 : 日本美術英語解説執筆者の経歴と業績」『大正大学大学院研究論集』第四十六号, 2022, p.166-144.

＊35 Jiro Harada, *The Gardens of Japan*, Edited by Geoffrey Holme, The Studio Limited, 1928.

＊36 片平幸「欧米における日本庭園像の形成と原田次郎のThe Garden of Japan」『日本研究』国際日本文化研究センター, 2007, p.186.

＊37 Redferm Mason "Tea drinking rites of the Japanese" *The San Francisco Examiner*, California : Tue, Jul 20, 1915, p.20.

＊38 Frank Morton Todd, *The Story of the Exposition: Being the Official History of the International Celebration Held at San Francisco in 1915 to Commemorate the Discovery of the Pacific Ocean and the Construction of the Panama canal*, G.P. Putmnam's Sons, The KniceerBocker Press, New York and London: 1921,Vol.3, pp.213-214. (Hathi Trust), ジラルデッリ青木美由紀「金閣寺と金門橋 : 一九一五年サンフランシスコ万博における日本の表象と日本受容」『五浦論叢 : 茨城大学五浦美術文化研究所紀要』24, 2017, p.1-22. においても天心の影響があったことが指摘されている。

＊39 「茶席を種の小説」『日米新聞』1915.10.23, p.3.「日本音曲に熱心な米国音楽家」同紙 1915.05.24, p.3.「薄倖の音楽家尺八の音に泣く」同紙 1915.06.10, p.3.

＊40 蔵山生「桑博審査の結果（下）」『東京日日新聞』1915.08.03. (『神戸大学新聞記事文庫』博覧会及商品陳列所, 1-65.)

＊41 Robert Hellyer, *Quality as a Moving Target: Japanse Tea, Consumer Preference, and Federal Regulation on the US Market, Imitation, counterfeiting and the quality of goods in modern Asian history*, Springer, 2017, pp 93-106.

＊42 茶業組合中央会議所編「海外製茶販路拡張派遣員報告」(『日本茶業史資料集成』第23冊, 文生書院,1912.)

＊43 「万国博覧会と日本茶業」『日米新聞』1915.1.5, p.7.

＊44 前掲『日本茶業史　続編』p.437, 前掲『北米茶業視察談』p.12,「食料館の接待」『新世界』1915.04.19, p.3.

＊45 前掲『日本茶業史　続編』p.438, 前掲『茶業界』9 (9),1914,p.7.,「開場前の桑港万国博覧会」『日米新聞』1915.02.15, p.3.,前掲『茶業界』10 (10), 1915, p.52.

＊46 前掲『茶業界』10 (6),1915.

＊47 静岡茶共同研究会編『海を渡った日本茶の広告 ‐明治・大正・昭和の海外向け小冊子I』静岡茶共同研究会, p.11-23.

＊48 *The Secrets of Japan Tea*, The Japan Central Tea Traders Association,1911, pp.16-17. (静岡県茶業会議所)

＊49 「日本茶の淹れ方」NPO法人日本茶インストラクター協会 (2024.10.25閲覧)
https://www.nihoncha-inst.com/basic/basic5.html

＊50 伊藤市平「桑博と日本茶の販路拡張」『茶業界』10 (10),1915, p.5-7.

＊51 西巖「桑博茶寮の効果と販路拡張策」『茶業界』11 (2), 1916, p.16-17.

＊52 井上靖『わだつみ』岩波書店,1977. (『井上靖全集　第一八巻』新潮社,1996.)

＊53 「桑港小売商人大会」『日米新聞』1915.02.02, p.3.

＊54 「日本茶の米国輸入は多大の増加」『日米新聞』1916.03.27, p.3.

＊55 「米人と台湾茶」『日米新聞』1915.09.20, p.3.

＊56 「八万の学竜電気王を取巻く」『日米新聞』1915.10.26, p.3.

＊57 新世界新聞編輯局編『巴奈馬太平洋万国大博覧会』新世界新聞社,1913-14.（国立国会図書館）

◎ 第8章　シカゴ万国博覧会

＊1 Century of Progress International Exposition, *Official book of the fair: an introduction to a Century of Progress International Exposition, Chicago June 1--November 1*, 1933, Chicago: A Century of Progress,1933, p.4.(Library Congress)

＊2 市俄古進歩一世紀万国博覧会出品協会編『一九三三年市俄古進歩一世紀万国博覧会出品協会事務報告』市俄古進歩一世紀万国博覧会出品協会,1934, p.179-180.（国立国会図書館）

＊3 前掲『一九三三年市俄古進歩一世紀万国博覧会出品協会事務報告』p.287., 前掲『日本茶業史　続編』p.454.

＊4 日本緑茶販路拡張総合特別委員会『市俄古進歩一世紀萬國博覧會記念寫眞帖』1933.（静岡大学図書館）

＊5 日本産業協会編『米国独立百五十年記念費府万国博覧会　日本産業協会事務報告』日本産業協会1927, p.274-282（国立国会図書館）

＊6 前掲『市俄古進歩一世紀萬國博覧會記念寫眞帖』

＊7 前掲『日本茶業史続編』p.453.

＊8 茶業組合中央会議所編『日本茶貿易概観』茶業組合中央会議所, 1935 (p.261) には「アイノ茶、玉緑茶、抹茶等」を「見本茶と共に飲ませる茶」として携行したとある。前掲『日本茶業史続編』(p.454) には「抹茶」「釜茶」「玉緑茶」と記載されている。

＊9 前掲『市俄古進歩一世紀萬國博覧會記念寫眞帖』

＊10 前掲『日本茶貿易概観』p.261.

＊11 前掲『日本茶業史　続編』p.453.

＊12 同前p.454.

＊13 前掲『日本茶貿易概観』p.263.

＊14 前掲『日本茶貿易概観』p.261., 前掲『日本茶業史続編』(p.457) には名前も掲載されている。

＊15 近藤千蔭「萬国博へ」『茶道月報』(269)茶道月報社, 1933-5, p.18.（国立国会図書館）

＊16 前掲「萬国博へ」p.21. / 前掲『日本茶業史続編』p.454-455. /『日米新聞』1933.03.17.p.3.

＊17 前掲「萬国博へ」p.21.

＊18 前掲『市俄古進歩一世紀萬國博覧會記念寫眞帖』

＊19 「でえくさんの次に茶の湯の洋行」『日米新聞』1933.03.17.p.3

＊20 "A Cup of Tea Is Ceremony to Japanese", *Chicago Tribune*, 15 Jul 1933, p.11.

＊21 前掲「でえくさんの次に茶の湯の洋行」, 三橋四郎次「シカゴ博覧会に於ける日本茶宣伝の効果」『茶業界』, 1933.10, p.10.

＊22 前掲『市俄古進歩一世紀萬國博覧會記念寫眞帖』

＊23 同前.

＊24 前掲「萬国博へ」p.19-20.

＊25 前掲『一九三三年市俄古進歩一世紀万国博覧会出品協会事務報告』p.287-288.

＊26 同前p.344-345.

＊27 前掲『日本茶業史』p.454.

＊28 前掲『茶業界』1933.11,p.20

＊29 前掲『日本茶業史　続編』p.457.

＊30 同前p.455.

＊31 同前p.246.

＊32 Robert W. Karr, Jr., *The 120th Anniversary of the Japanese Garden in Chicago*, North American Japanese Garden Association,2013.,『日本茶業史　続編』(p.876) には、日本茶室で日本茶宣伝に尽力している人物として、長野新作と田代勇の2名があげられている。

＊33　"A Cup of Tea Is Ceremony to Japanese", *Chicago Tribune*, 15 Jul 1933, p.11.

＊34　「黒シャツ飛行隊一同嬉々然として日本館を訪問」『日米新聞』1933.7.19,p.4.

＊35　前掲『市俄古進歩一世紀萬國博覧会記念寫眞帖』

＊36　前掲『一九三三年市俄古進歩一世紀万国博覧会出品協会事務報告』p.312, 57., なお『日本茶業史　続編』（p.456-457）には「日本デー」と記録されている。

＊37　前掲『日本茶業史　続編』p.266-267.

＊38　Yasunosuke Fukukita, *Cha-no-yu: The Japanese Tea Ceremony*, Arthur J.L. Thompson ＆Co.Ltd., 1934.

＊39　前掲『『日本茶業史　続編』p.454.

＊40　前掲『市俄古進歩一世紀萬國博覧会記念寫眞帖』

＊41　同前.

＊42　静岡県茶業組合連合会議所編『静岡県茶業史　続篇』,静岡県茶業組合連合会議所, 1937, p.168-169.

【その他の参考文献】

吉野亜湖「近代の万国博覧会における茶道」『茶の湯文化学』第37号,茶の湯文化学会編, 2022, p.47-62.

◎ 附章　台湾喫茶店と万博

＊1　範囲を19世紀後半から20世紀前半とし、一部サンディエゴ万博のような地方開催の国際博覧会を含め、各万博の報告書及び『台湾総督府民政事務成績提要』より作成。日本喫茶店については政府公式のものを主対象として、櫛引弓人や他の個人が経営し組合が関わってない喫茶店は対象外とした。

＊2　樺島彩波「「文明化」する植民地の姿：博覧会における台湾喫茶店の茶と給仕女性」『奈良女子大学社会学論集巻31』, 2024, p.18-31及び同「銀座の台湾喫茶店：日常に滲み出た博覧会」『奈奈良女子大学社会学論集巻30』, 2023, p.1-18.

＊3　大阪写真会撮影『第五回内国勧業博覧会』第五回内国勧業博覧会協賛会,1903,p.37.（国立国会図書館）

＊4　前掲『千九百年巴里万国博覧会臨時博覧会事務局報告』p.892-898.（国立国会図書館）

＊5　前掲『日本茶業史』（p.151）によると、1899（明治32）年2月20日の定時会の議題にパリ万博における台北茶商公会との契約が議題に上がり、日本茶業中央組合も了解の上、前年には進められていた。また、同書（p.157）には契約書の内容が引載され、その内容によると、2万5千円の補助金が建設費の一部に充てられ、出資責任はその金額分に限定される契約であり、名義的には台北茶商公会の委員2名も同等の資格で事業計画に参画する形式であった。

＊6　「台湾喫茶店」の要件としては、烏龍茶などの提供、総督府による補助、台湾人給仕女性の採用、単独の台湾独特の建物（ここには外観に加え内観を含む）、運営の主体性などが考えられるが、本万博では建物や運営面での要件を欠くことをあげておく。

＊7　前掲『千九百年巴里万国博覧会臨時博覧会事務局報告』p. 898.

＊8　前掲『日本茶業史』p. 236-237

＊9　前掲『聖路易万国博覧会本邦参同事業報告　第2編』p.457.

＊10　前掲『聖路易万国博覧会本邦参同事業報告　第2編』p.674-677.

＊11　前掲『聖路易万国博覧会本邦参同事業報告　第2編』p.675.

＊12　前掲『聖路易万国博覧会本邦参同事業報告　第2編』p.677.

＊13　明治37年7月13日付「東京朝日新聞」記事「聖路易博覧会 日本政府館落成式」

＊14　楠元町子「万国博覧会に見る明治政府の国際戦略―1902年ハノイ博覧会と1904年セントルイス万博を中心に―」『愛知淑徳大学論集―文学部・文学研究科篇―』第37号,2012,p.105-120.

＊15　前掲『聖路易万国博覧会本邦参同事業報告　第2編』p.678-679.

＊16　河原林直人『近代アジアと台湾：台湾茶業の歴史的展開』世界思想社, 2003,第3章「茶業をめぐる官民の対応」

＊17　台湾側の資料（台湾総督府民政局編『台湾総督府民政事務成績提要10』台北, 成文出版社,p.354）では、「米国は本島烏龍茶の一大華客」と烏龍茶の販路拡張先として意識していたこと、接待には台湾婦人2名を派遣していたことが判明した。

＊18　その他の傍証として、後年の記憶であり資料だが、台湾日日新報（1934-03-14/1934-03-20）の記事「シカゴ博で当てた『台湾烏龍茶』：緑茶やリプトンより遥か好評:同博は今夏も開催」では、多大の経費を投じて台湾喫茶店を設け

相当の効果を挙げた事例として、1904年のセントルイス万博を最初に挙げている。（神戸大学経済経営研究所 新聞記事文庫）

*19 前掲『台湾総督府民政事務成績提要14』p.366及び382-383。喫茶店用の烏龍茶は安平鎮製茶試験場から下付したものであった。

*20 博覧会倶楽部編『海外博覧会本邦参同史料』第6輯, 博覧会倶楽部, 1934, p.1-8「二九　ゼームスタウン博覧會（明治四十年）」。台湾総督府保護のもと藤村勇次が経営。『台湾総督府民政事務成績提要18』p.420によると、本間義三郎も経営に参画し、「本邦固有ノ装飾」を施した建物で試験場からの烏龍茶を台湾人婦女に接待させていた。

*21 前掲『海外博覧会本邦参同史料』第6輯, p.9-10,「三〇　彼得堡萬國裝飾及家具博覧會（明治四十一年）」。セントルイス万博の経営者の一人であった中澤安五郎が経営。

*22 前掲『台湾総督府民政事務成績提要22』p.394-395。経営はジェームズタウン同様、藤村勇次による。

*23 前掲『海外博覧会本邦参同史料』第6輯, p.94-95.

*24 野澤組は豊橋に生まれた野澤卯之吉が、前身である渥美屋で輸入雑貨の卸・小売業を興したことに始まる。農作物の輸出を展開する中で台湾烏龍茶を豪州に輸出して販路を開拓。1904年からは世界各地の派遣員を通じて販売を開始。このような事業の関わりから、台湾喫茶店の経営を万博で行い、好評を博したことからロンドンで常設の喫茶店を開設するに及んだ。以上は、門田正経編『野沢宇斎翁伝』1924（国立国会図書館）参照。

*25 農商務省『日英博覧会事務局事務報告上巻』農商務省, 1912, p.863.（国立国会図書館）

*26 前掲『台湾総督府民政事務成績提要18』p.422によれば、時期的には、この前年よりロシアやトルコ向けの紅茶の製造試売を開始していた頃に当たり、製茶試験場からの提供の可能性が高い。

*27 前掲『日英博覧会事務局事務報告上巻』p.863.

*28 國雄行「一九一〇年日英博覧会について」『神奈川県立博物館研究報告―人文科学―』第22号, 1996によれば、当時イギリスに滞在した蔵原惟郭議員は興行の博覧会の中でも4つが呼び物であるとし、その一つに台湾喫茶店を挙げているという。

*29 前掲『巴奈馬太平洋万国博覧会参同事務報告　上』p.246-250.

*30 前掲『巴奈馬太平洋万国博覧会参同事務報告　上』p.156挿図

*31 前掲『巴奈馬太平洋博覧会写真帳』。同様のパノラマ写真でアングルの異なるものが『茶業界』10(9),1915にも残されている。

*32 博覧会倶楽部編『海外博覧会本邦参同史料』第7輯, 博覧会倶楽部, 1934, p.35-36.

*33 日本産業協会編『巴里万国装飾美術工芸博覧会日本産業協会事務報告』日本産業協会, 1926, p.68, 247-262.（国立国会図書館）

*34 前掲『巴里万国装飾美術工芸博覧会日本産業協会事務報告』によれば、この協賛会には茶業組合中央会議所も参加して、寄付金以外に緑茶や土瓶、茶碗の提供を行った。

*35 前掲『巴里万国装飾美術工芸博覧会日本産業協会事務報告』掲載の口絵写真

*36 前掲『台湾総督府民政事務成績提要14』p.382-383.

*37 前掲『近代アジアと台湾：台湾茶業の歴史的展開』p.63-67.

*38 前掲『近代アジアと台湾：台湾茶業の歴史的展開』第3章「茶業をめぐる官民の対応」

【その他の参考文献】

台湾総督府熱帯産業調査会編『茶業ニ関スル調査書』台湾総督府殖産局特産課, 1935（国立国会図書館）
寺本益英『戦前期日本茶業史研究』有斐閣, 1999
小松出「台湾茶葉産業の現状と課題」『桜美林大学産業研究所年報』34, 2016
須賀務「輸出された台湾紅茶（2）」『交流』916,日本台湾交流協会, 2017

附表「戦前までの主な万国博覧会・国際博覧会一覧」　　井戸幸一

開催年	開催地	博覧会名	博覧会テーマ	特徴	
1851	ロンドン（英）	ロンドン万国博覧会	Industry of all Nations	世界初の万国博。	
1853	ニューヨーク（米）	ニューヨーク万国博覧会		ロンドンに刺激されて開催。	
1855	パリ（仏）	第1回パリ万国博覧会	Agriculture, Industry and fine arts	ナポレオン3世がイギリスに対抗して開催。美術品出品の始まり。	
1862	ロンドン（英）	ロンドン万国博覧会	Industry and Art	駐日イギリス公使オールコックが収集した日本の美術工芸品を展示。幕府の遣欧使節団が会場を見学。	
1867	パリ（仏）	第2回パリ万国博覧会	Agriculture, Industry and Fine Arts	幕府、商人、薩摩藩、佐賀藩がそれぞれ独自に出品を行った。	
1873	ウィーン（オーストリア）	ウィーン万国博覧会	Culture and Education	初めて日本の政府として正式に万国博覧会に参加。敷地内1千3百坪ほどに神殿を配し、神楽堂や反り橋のある日本庭園をつくった。	
1874	ケンジントン（英国）	ケンジントン万国博覧会			
1876	フィラデルフィア（米）	フィラデルフィア万国博覧会	Arts, Manufactures and Products of the Soil and Mine	アメリカ独立100周年記念として開催。アメリカで成功した最初の万国博覧会として知られる。16の展示館を建て、機械や工業製品の展示で観客を驚かせた。	
1878	パリ（仏）	第3回パリ万国博覧会	New Technologies	フランスの文化的価値を誇示し、第三共和制を諸外国にアピールする目的で開催。セーヌ川一帯に会場がつくられた。	
1879	シドニー（オーストラリア）	シドニー万国博覧会		欧米以外で開催された初の万国博覧会。	
1880	メルボルン（オーストラリア）	メルボルン万国博覧会	Arts, Manufactures and Agricultural and Industrial Products of all Nations		

明治の近代前後から第二次世界大戦までの期間を対象に主な海外の博覧会を集成した。一覧化にあたって、工業博など茶産業との直接の関係性が薄いものは除外した。

集成にあたっては、『万国博の日本館』（1990年、INAXギャラリー）の博覧会年表（監修・寺下勧）をもとにし、BIEのホームページや以下の書籍などを参考にしつつ本書の研究も踏まえて適宜追加修正を行い取りまとめを行った。

参考文献：平野繁臣『国際博覧会歴史事典』（内山工房、1999年）、吉田光邦編『図説万国博覧会の歴史』（思文閣出版、1985年）、各万博の政府公式報告書類、茶業組合中央会議所編『日本茶業史』（1914年）、静岡県茶業組合連合会議所編『静岡県茶業史』（1926年）、茶業彙法第三十二号「海外製茶市場調査諸報告」（茶業組合中央会議所、1939年）

	主なお茶関係の展示など	日本館（建築）など
	・佐賀藩、薩摩藩からの茶の出品も行われた。 ・清水卯三郎（商人）が日本風の「茶店」を出展した。 ・商人から5種の「茶」が100斤（60kg）ずつ出品された。	①清水卯三郎（商人）の「茶店」 《その他の展示スペース》 産業館（メイン会場）の日本ブース
	・日本館で多数の茶道具の展示が行われ、館内の売店では茶も販売され大盛況であった。 ・茶の出品では、輸出に向けての強い意気込みから日本各地の茶80点以上が出品された。 ・シュティルフリートによって、日本茶の文化を紹介するための「茶屋」が会場外につくられた。	①日本庭園内の神社風の建築物（白木の鳥居、神殿、神楽堂など） ②反り橋のある日本庭園 《その他の展示スペース》 産業館の日本ブース
	・農業館では、日本の農産物の一部として、茶の関係（茶の木の各成長段階を示した何枚もの絵、茶の栽培過程の説明）が展示された。 ・佐渡の銅器、九谷、有田、淡路、美濃、薩摩、京都、瀬戸などの陶磁器、起立工商会社の茶などを売った。	①事務所を含む2階建ての旅館風建築 ②日本庭園のある平屋の数寄屋風建築 《その他の展示スペース》 主要会場の日本ブース（本館・農業館園芸館など）
	・トロカデロ会場外の日本庭園では、敷地の周囲を竹垣で覆った日本風家屋を設け、そこに日本の工芸品（団扇や陶磁器など）を飾り、また、茶室としての役割を持たせ、限定客にお茶をふるまった。	①シャン・ド・マルスに日本の門を建設。 ②トロカデロ会場外に日本風家屋を建設。 《その他の展示スペース》 トロカデロ陳列館内に日本の展示ブース。

附表「戦前までの主な万国博覧会・国際博覧会一覧」(続き)

開催年	開催地	博覧会名	博覧会テーマ	特徴	
1888	バルセロナ (スペイン)	バルセロナ万国博覧会	Fine and Industrial Art		
1889	パリ (仏)	第4回パリ万国博覧会	Celebration of the centenary of the French revolution	フランス革命100年記念として開催。エッフェル塔を建て、最大の呼び物とした。	
1893	シカゴ (米)	シカゴ万国博覧会	Fourth centenary of the discovery of America	コロンブスのアメリカ大陸発見400周年を記念して開催。ミシガン湖畔に人工都市をつくり「ホワイトシティ」と呼ばれた。高架鉄道が初めて建設された他、人間工学の考え方も登場した。	
1894	サンフランシスコ (米)	カリフォルニア冬季国際博覧会		シカゴ万国博覧会に参加したM. H. デ・ヤングが出身地の経済を刺激することを狙い、ゴールデン・ゲート・パークを会場として、冬季スタートで開催された。	
1897	ブリュッセル (ベルギー)	ブリュッセル万国博覧会	Modern Life		
1897	ナッシュビル (米)	テネシー百年国際博			
1898	オマハ (米)	トランスミシシッピ国際博覧会 (オマハ万博)		ミシシッピ川から太平洋岸までの西部全体の発展を展示するためにネブラスカ州・オマハで開催。	
1900	パリ (仏)	第5回パリ万国博覧会	19th century: an overview	過去1世紀の文明の回顧を目的に開催。会場内にはアール・ヌーヴォー様式が氾濫した。	
1901	ニューヨーク (米)	汎アメリカ博覧会		マッキンリー大統領暗殺。	
1904	セントルイス (米)	セントルイス万国博覧会	Celebration of the centennial of the Louisiana Purchase	ルイジアナ州の買収100周年を記念して開催。会場に日本庭園をつくった点に大きな特色があった。	

主なお茶関係の展示など	日本館（建築）など
	①会場内の陳列場の一部を区切って日本の陳列場を示す門を建設。 ②トロカデロに日本庭園、日本家屋、売店を設ける。
・日本館（鳳凰殿）は、宇治の平等院鳳凰堂を模した外観で、周囲は全て日本庭園とした。鳳凰殿の他に、喫茶店、茶室（抹茶席・煎茶席・普通茶）を出し、茶室内は工芸品で飾った。 ・茶業組合中央会議所による初の日本喫茶店は「好況」、日本の製茶は「褒状及び金牌を賞与」された。	①久留正道による鳳凰殿 ②日本茶屋 《その他の展示スペース》 共通の陳列館（女性館、工芸館、園芸館、農業館など） ※これまでの万博でも、茶屋や神殿を設置して日本文化の宣伝に努めていたが、シカゴ万博で初めて、本格的な日本館を建築した。
・日本から宮大工の中谷新七（1846-1922）と庭師が招聘されてつくられた日本庭園と日本喫茶店がゴールデンゲートパークに移築され、日本人移民の萩原真（1857-1925）が経営をひきついだ。 ・現在も日本喫茶店と庭園が運営されている。	
・日本喫茶店の広告を新聞雑誌に載せる。印刷物の配布。看板の製作。小売店にも印刷物で集客。茶は関東関西の混合。水の選択、ミルクやクリームは用いず、やむを得ない時のみ砂糖を出す。アイスティーが好評であった。 ・地元の人たちから日本喫茶店の継続営業を希望された。 ・日本喫茶店が評価され第一等金牌褒状を受けた。	
・日本喫茶店は、運営は茶業組合中央会議所であったが、建築は現地の事務局への委託であった。	トロカデロに、 ①法隆寺金堂を模した日本特別館 ②日本館の前に庭園を造設
［政府館敷地内］ ・御所風本館、事務所、眺望亭、売店、台湾喫茶店、金閣寺を模した金閣喫茶店（着物を着た日本人女性による日本茶の提供）、吉野庵、四阿屋などの建築物と日本庭園があった。 ［娯楽エリア（フェア・ジャパン）］ ・日本庭園の中の喫茶店では、多彩な着物を着た芸者の居る茶室があった。	政府館敷地内に、 ①金閣寺風のパビリオン ②白木の寝殿造りの建物 ③庭園（池辺には四阿屋もあり、5棟の小建築（売店など）を点在させた。） 娯楽エリアに、 ④正面に日光陽明門を模した「猫の門」 ⑤演芸館、歌舞伎小屋など 《その他の展示スペース》 共通の館（教育・美術・心芸・工業など）の日本スペース

附表「戦前までの主な万国博覧会・国際博覧会一覧」(続き)

開催年	開催地	博覧会名	博覧会テーマ	特徴	
1905	リエージュ（ベルギー）	リエージュ万国博覧会	Commemoration of the 75th anniversary of independence		
1905	ポートランド（米）	ルイス・クラーク探検百年記念アメリカ太平洋博と東洋祭（ルイス・クラーク100年記念万博）			
1906	ミラノ（イタリア）	ミラノ万国博覧会	Transportation		
1907	ジェームズタウン（米）	ジェームズタウン入植三百周年記念博覧会（ジェームズタウン万博）			
1908	ペテルブルグ（ロシア）	万国装飾技術及家具博覧会（ペテルブルグ万博）			
1909	シアトル（米）	アラスカ・ユーコン太平洋博覧会（アラスカ・ユーコン万博）		渋沢栄一が日本デーで演説。	
1910	ブリュッセル（ベルギー）	ブリュッセル万国博覧会	Works of Art and Science, Agricultural and Industrial Products of All Nations		
1910	ロンドン（英）	日英博覧会		1908年の英仏博の跡地利用として、日英同盟を更新した日本に話を持ち込んで実現。	
1915	サンフランシスコ（米）	パナマ・太平洋万国博覧会（サンフランシスコ万博）	Celebrating the opening of the Panama Canal		
1915-1916	サンディエゴ（米）	パナマ・カリフォルニア博覧会（サンディエゴ万博）			
1918	ニューヨーク（米）	ブロンクス国際博覧会			
1925	パリ（仏）	第6回パリ万国博覧会（現代装飾美術・産業美術国際博覧会／アール・デコ博）		時代の様式にあった装飾や美術工芸を示し、フランス工芸の向上を図るためデザインをテーマに開催。	

主なお茶関係の展示など	日本館(建築)など
・櫛引弓人が先に万博事務局と契約したため、喫茶店ができなかった。配布茶は十万個。展示スペースは1坪に減らされて展示に苦労した。	
・日本喫茶店、フェア・ジャパンあり。	
・静岡県茶業組合連合会議所が喫茶店を出展し、『Tea & coffee Trade Journal』が「絵画のような美しさ」と評価した。	
・日本の陳列館は、日本工業館、日本園芸館、日本景色館、日本歴史館、日本織物館、日本富源館、東洋館(日本統治の成果を謳うもの)、日本政府各省出品館、日英美術館など。さらに庭園2つと休憩所としての喫茶店2店舗(台湾茶・日本茶)があった。 ・日本庭園(日本平和園、日本浮島園)では、池に臨んで日本風の瓦葺きの家や茶室をつくり、樹間からは五重塔がみえるようにした。また、台湾の烏龍茶店や、横浜市茶商組合が担当した日本喫茶店もあった。	①日本庭園 ②門のみを建設。既存建物9棟を日本の展示スペースとして使用。(うち3棟は売店) ③日本人街・宇治村・アイヌ村落・台湾村落
・日本喫茶店と抹茶・玉露席用の「茶室」が、この頃から離れた位置に置かれるようになった。 ・台湾烏龍茶会社の茶店、民間出品の興行場を置いた。	①金閣寺をモデルとした日本政府館 ②政府館の横に庭園 ③平安時代様式の特別陳列館 ④日本協賛会による興行場
・西巖派遣員が茶を監修。茶業組合中央会議所から民間運営の喫茶店に試飲茶と配布用見本茶を提供した。	
・セーヌ河畔に臨時の喫茶店を設け、日本茶や烏龍茶の接待と販売を行った。	①日本館 山田七五郎(設計)、宮本岩吉(実施設計)

開催年	開催地	博覧会名	博覧会テーマ	特徴	
1926	フィラデルフィア（米）	フィラデルフィア万国博覧会		アメリカ独立150周年を記念して開催。10年の準備を費やしたが、入場者数は振るわず稀にみる失敗とされる。	
1930	リエージュは科学、アントワープは海洋・植民（2都市ともベルギー）	万国科学工業海洋殖民博覧会	Art of Water	ベルギー独立100周年を記念して、リエージュ（科学）とアントワープ（海洋・植民）で開かれた。日本はリエージュに「日本館」というパビリオンを出展し、大変な人気を博した。	
1933-1934	シカゴ（米）	シカゴ万国博覧会	The independence among Industry and scientific research.（初めて公式テーマ使用「進歩の世紀」）	シカゴ市制100周年記念のため開催。プレハブ建築などが評判を呼んだ。	
1935	ブリュッセル（ベルギー）	ブリュッセル万国博覧会	Transport	国際博覧会条約による初の一般博。ベルギー鉄道開通100周年を記念して開催した。	
1935-1936	サンディエゴ（米）	カリフォルニア太平洋国際博覧会		中心都市公園であるバルボア公園で開催。サンディエゴの宣伝と大恐慌で低迷していた経済を支援することを目的とした。	
1937	パリ（仏）	第7回パリ万国博覧会	Arts and technology in modern life（現代生活における美術と技術）	300に及ぶ近代建築のパビリオンが建てられ、1900年をしのぐと評判を呼んだ。	
1939	ドレイジャー・アイランド（米）	サンフランシスコ万国博覧会（ゴールデン・ゲート万博）		ゴールデン・ゲート・ブリッジ完成記念として開催。	
1939-1940	ニューヨーク（米）	ニューヨーク万国博覧会	Building the World of Tomorrow（明日の世界建設）	会期中に第二次世界大戦が勃発。ナイロンやプラスチックなど新しい産業技術が多く展示された。	

主なお茶関係の展示など	日本館(建築)など
・会場内に、二階建て和風建築を建て、二階を事務所、階下を日本喫茶店とした。(最初は簡単な洋風建築を考えていたが、湖畔の景勝地であったので、純日本式に変更) ・茶業組合中央会議所は農業食料館内に茶室と茶園をディスプレイした。	①事務所 ②日本喫茶店の和風建物 《その他の展示スペース》 外国館内の2号館(日本の風景・風俗・産業の映画上映)、8号館、9号館
・茶業組合中央会議所が緑茶見本や茶摘みの状況模型の出展を行った。	①リエージュに日本館 ②アントワープは政府ではなく、鉄道省、台湾、朝鮮などの植民地関係出品。
・日本館別館には喫茶室、庭園の一隅に茶室が設けられ、ジャポニスムを引き立たせる仕掛けとして緑茶の宣伝を行い、緑茶を嗜む機会も設定した(茶の湯の実演の見学)。	①日本館(鎌倉・桃山様式)
・6/15-9/30の最盛期は茶寮入場者15万7千500人。10/1-11/11の平均は一日500人。紅茶緑茶半々の割合。抹茶レモネード、抹茶アイスクリームが好成績であった。 →1933年のシカゴ万博と同様に抹茶が人気があることが判明した。	
	①日本館(ル・コルビュジエの門下で、フランス帰りの坂倉準三設計)。
	①日本館(塗家建築の手法を採用)
・日本館の右翼前面の回廊部を利用して、日本茶と台湾茶を宣伝する喫茶設備が設けられた。	①日本館(日本独自の和風のスタイルに逆戻りした) ②国際館日本部 《展示スペース》 建物内部の区切られた各スペースに各国が出展する国際館(カヴァード・スペース)でも展示を行った。

おわりに

　日本が初めて参加した江戸時代の第2回パリ万博 (1867) から、日本茶と万博の関係は始まっていました。以降、日本茶が近代の万博で多層的な役割を果たしていたことをみていただきました。

　万博史をひもといてみると、明治政府として初参加したウィーン万博 (1873) に、日本産の紅茶がすでに出品されていたこともわかりました。茶業関係の資料では知りえなかった事実です。当時、茶は外貨を獲得するための重要な輸出品であり、近代日本の国づくりにおいて大きな役割を果たしていましたので、万博という世界の大舞台で果敢に挑戦し、販路拡張のための情報を得ていたのです。

　ウィーン万博をきっかけにヨーロッパで、さらには次のフィラデルフィア万博 (1876) によりアメリカでも、日本ブーム (ジャポニスム) が巻き起こりました。これにより、日本の工芸品に対する理解を深めたいとする世界的な関心が高まり、「茶道」に関する解説が公式出品目録に加えられるようになります。改めて、主要な工芸品が茶文化と関わってきた歴史を再認識すると共に、明治初頭から世界に向けて茶道が公式に紹介されていたことに注目したいと思います。

　また、第3回パリ万博 (1878) では、日本パビリオンの中心に「茶室」が配置され、以降、日本茶の文化は日本館の構成要素の一部となっていきます。

　近代の万博と日本茶を語る時に、大きな転機となるのは、明治後期からの茶業組合中央会議所の参加です。明治前期に開催された万博では、日本茶の宣伝や文化紹介は政府主導でしたが、シカゴ万博 (1893) より民間の茶業組合が担当することになりました。

　組合による喫茶店は、日本趣味を前面に打ち出し、着物の女性たちを

起用することで盛況を博し、現地新聞でも特集が組まれるなど、有効な広告手段となっていきます。呈茶をする「ティーガール」たちは、日本館のアイコンとして注目されるだけでなく、日米の政治的緊張感を緩和する役割も自然と担っていました。

　喫茶店は単に休憩所や接待所としての役割だけでなく、庭園を備えることで日本の文化を体現する場としての機能も持っていました。それにより、茶を「飲ませて売る」とした直接的な宣伝効果だけでなく、日本茶しいては日本のイメージ広告にもなっていたのです。

　大正期になり日系人が万博で活躍するようになると、喫茶店に抹茶レモネードなどの抹茶のアレンジメニューが出現します。それに合わせ、茶室が喫茶店から独立し、抹茶の宣伝よりも茶道の紹介に重点が置かれ、アメリカのメディアは日本の精神文化を評価し始めます。これには、岡倉天心の『茶の本』の影響も確実にありました。天心も述べているように、一杯の茶が人間性を呼び覚まし、東洋と西洋が争うのではなく、平和的に互いを発展させる道へ進むきっかけとなりうることを、万博の茶室から発信していたのです。

　昭和になり、茶業組合中央会議所は、これまでの経験の集大成としてシカゴ万博 (1933) の喫茶店広告に臨みました。茶室も立礼式とし、ステージパフォーマンスやラジオ放送を通じ、大いに日本茶の広告を行ったのです。しかし、その後のアメリカへの輸出量は伸びることはなく、アメリカ以外の国への市場開拓や国内需要喚起へ力を注いでいく中で、第二次世界大戦を迎えます。

　台湾喫茶店について述べた附章では、第 5 回パリ万博 (1900) より台湾総督府の関与が始まり、セントルイス万博 (1904) で初めて独立した「台湾喫茶店」が開設され、以降、日本喫茶店と並び設置されていった歴史をみていただきました。喫茶店設置の目的は、欧米への烏龍茶輸出拡大でしたので、1930 年代に台湾茶の主役が紅茶に代わると輸出先も変化し、万博の喫茶店も役目を終えたことがわかりました。

この原稿を最初に読んだのは、編集を担当してくださった加納慎太郎氏です。読後に「万博で繰り広げられていたのは、まさに『喫茶外交』ではないでしょうか」と感想を述べられたのが、タイトルになりました。喫茶を通じて人々が穏やかに交流しながら理解を深めていく行為が日本で何世紀にもわたり実践されてきた歴史を、万博を舞台に世界へ示していたことを端的に表した言葉だと感謝しています。

　茶室の床の間によく掛かる「和敬」という言葉があります。茶を飲み互いに和すことですが、「敬」とあるので、互いの違いも認め尊重する意識も含まれているように思います。万博の歴史から、茶を通じ西洋と日本が、この和敬の世界を実体験していたこともみることができました。

　そもそも、万博と茶について研究をしたいと考えたのは、中国の茶産地・浙江省にある国立茶葉博物館から「『万国博覧会と茶』をテーマに展示企画をしているので、日本茶の資料について教えてほしい」と、2018（平成30）年に連絡が入ったことがきっかけです。茶葉博物館は、日本の急須のルーツを探りたいと調査にお伺いしたことからのご縁です。

　東京や静岡の茶業会館、茶の博物館など各地に万博関係の史料が残されていることは目にしており、『日本茶業史』などにも報告書が掲載されていることは読んでいました。しかし、万博と茶についてまとめられた資料は存在しないことに改めて気づかされたのです。

　幸いにも、井戸幸一氏が共同研究を申し出てくださり、株式会社乃村工藝社の博覧会コレクション調査を皮切りに、茶業関係資料、日本の公式報告書、そして開催地の史料や新聞記事などを中心に調査しました。その後、茶道文化学術助成（三徳庵）を受け、全米の主要な万博開催地の史料を直接確認することができました。静岡県立大学グローバル地域センターのシンポジウムで中間報告（世界お茶まつり2019）、茶の湯文化学会、日本展示学会での研究発表、ふじのくに茶の都ミュージアムの研究紀要（2023）、海外ではカリフォルニア大学デイビス校 Global Tea Institute の学

術会議、中国茶葉学会の国際会議などで、研究発表や報告を重ねてきました*。

　これまでの分厚い万博研究において、意外なことに茶をメインに扱った研究はほとんどありませんでした。その中で、ロバート・ヘリヤー氏は、著作『Green with Milk and Sugar』(2021)において日米の茶貿易史を語る上で、近代万博の喫茶店で日本とインド・セイロンの広告合戦が繰り広げられていたことを示してくださいました。以後、ヘリヤー氏にはアメリカの史料について多くのご教示をいただきました。

　また、台湾茶については樺島彩波氏に、菊地悠介氏には幕末の文書の解読時、ドイツ語は山口聡氏、フランス語は山口由紀氏とフランスで茶の本を出版されたYasu Kakegawa氏にご助言いただきました。そして、『バイリンガル日本茶ブック』(淡交社)で編集協力を共にした石部健太朗氏の熱意ある校閲作業が大きな力となりました。また、株式会社乃村工藝社「EXPO GALLERY」及び担当の石川敦子氏、ならびに画像提供や調査協力者の方々に心より御礼申し上げます。そしてこの書を世に出してくださった淡交社と関係者各位に深く感謝の意をお伝えしたく存じます。

　皆様のおかげで、近代の万博で日本茶の、これほど豊かな世界が繰り広げられていたことがわかりました。また、手を付けられずにいた台湾の喫茶店について執筆して欲しいと井戸氏に依頼したところ快諾賜り、加えて万博の一覧表も複数の史料調査から作成してくださいました。

　日本茶、そして日本の文化を愛する方々に広く近代の万博における日本茶の活躍を知っていただけたらと、関係史料の研究調査に基づきながらも一般書として読みやすい形にしようと、互いの章について校正会議を重ね一冊の本にまとめました。ここに書ききれなかった万博と茶についてのこぼれ話もたくさんありますので、いずれの機会にと考えております。

　2015(平成27)年に日本茶輸出促進協議会が発足し、同年開催されたミラノ万博では日本茶の普及活動が行われました。筆者も静岡茶の広報として、ミラノ万博に参加した一人です。そして、2021(令和3)年のドバイ万博

でも映像展示の中に日本茶の文化が組み込まれ、その映像制作にも協力させていただきました。

　本書の出版と同年の2025（令和7）年に開催される大阪・関西万博においても、茶道のもてなしの心をコンセプトに取り入れた数々のイベントが行われると聞きます。特に「いのちの遊び場　クラゲ館」は、「茶の精神」を体現化した場になっていくそうです。これからも万博と日本茶の新たな関係が積み上げられていくことを楽しみにしています。

吉野亜湖

＊　吉野亜湖, 井戸幸一「万国博覧会と日本茶：パリ・アメリカで展開された日本茶喫茶店」静岡県立大学グローバル地域センター主催シンポジウム（世界お茶まつり2019）ポスター発表, 2019.11.7.

吉野亜湖「茶道と万博」中国茶葉学会《2021年国際茶葉大会》口頭発表, 2021.10.30.

吉野亜湖「近代の万国博覧会で展開された日本茶道：茶産業と茶文化の関係」『ふじのくに茶の都ミュージアム研究紀要・年報』ふじのくに茶の都ミュージアム, 2020, p.38-47.

Ako Yoshino, *Demonstration of the Japanese Tea Ceremony at World's Fairs in the United States from the late 19th to early 20th century*, Annual Colloquium, Global Tea Initiative, U.C. Davis, 2022.3.30.

吉野亜湖「近代の万国博覧会における茶道：大正から昭和初期までのアメリカ開催の万博を軸に」『茶の湯文化学』(37), 茶の湯文化学会, 2022, p.47-62.

吉野亜湖, 井戸幸一「万国博覧会における日本茶：戦前期のアメリカ開催の万博を中心に」『ふじのくに茶の都ミュージアム研究紀要・年報』ふじのくに茶の都ミュージアム, 2023, p.31-42.

井戸幸一, 吉野亜湖「万博の日本茶展示に関する予備的考察」『展示学68』日本展示学会, 2024. p.52-53.

吉野亜湖（よしの・あこ）

静岡大学非常勤講師。茶道家。静岡大学大学院人文社会科学研究科卒（文学修士）。ふじのくに茶の都ミュージアム運営委員・客員研究員。（公財）世界緑茶協会評議員。茶学術研究会監事。茶の湯文化学会会員。専門は日本茶文化史、茶道史（近世から近代）。主な業績：『現代語訳　禅茶録：英訳付』（知泉書館 2010）『日本茶文化大全』（知泉書館 2006）等。

井戸幸一（いど・こういち）

博覧会コレクションを所蔵する（株）乃村工藝社所属、プランニングディレクター。元美濃加茂市民ミュージアム学芸員。愛知大学大学院文学研究科卒（日本文化専攻・修士）。主な業績：共著「万国博覧会における日本茶：戦前期のアメリカ開催の万博を中心に」（『ふじのくに茶の都ミュージアム研究紀要』2023）「万博の日本茶展示に関する予備的考察」（『展示学68』2024）等。

ブックデザイン　吉田恵美 (mewglass)

【カバー表画像】
上段左：1933・34年シカゴ万博　ティーガールの絵葉書 (個人蔵)
上段右：初期の輸出茶用ラベル (米国特許商標庁1872年5月14日登録、米議会図書館蔵)
中段左：初期の輸出茶用ラベル (米国特許商標庁1877年4月10日登録、米議会図書館蔵)
中段右：1904年セントルイス万博会場鳥瞰図 (ミズーリ歴史博物館蔵)
下段左：久保田米僊画「日本喫茶店」『闔龍世界博覧会美術品画譜　第3集』(株式会社乃村工藝社蔵)
下段右 (帯も)：1915年サンフランシスコ万博　日本喫茶店のメニューの表紙と裏表紙 (個人蔵)

【カバー裏画像】
1933・34年シカゴ万博で使用された販促用小冊子『日本緑茶は世界の至宝』(個人蔵)

近代万博と茶
世界が驚いた日本の「喫茶外交」史

2025年2月20日　初版発行

著　　者　　吉野亜湖　井戸幸一
発行者　　伊住公一朗
発行所　　株式会社 淡交社
　　　　　本社　〒603-8588　京都市北区堀川通鞍馬口上ル
　　　　　　　　営業 075-432-5156　編集 075-432-5161
　　　　　支社　〒162-0061　東京都新宿区市谷柳町39-1
　　　　　　　　営業 03-5269-7941　編集 03-5269-1691
　　　　　www.tankosha.co.jp
印刷・製本　　中央精版印刷株式会社

©2025　吉野亜湖　井戸幸一　Printed in Japan
ISBN978-4-473-04660-4